American Affairs

Eine Erlebnisreise durch die westlichen Staaten der USA

Autor: Michael Gruse

Freitag, der 26.6.2015

11:20 Flughafen Berlin Tegel. Zwei Pärchen entdecken einander und gehen gemäßigten Schrittes, aber mit einem immer breiter werdenden Grinsen aufeinander zu. Exakt 328 Tage liegen zwischen der Buchung der Flüge nach Amerika und diesem Moment. Wenn Freude ein Gewicht hätte, der Boden würde unter unseren Füßen einbrechen, Wir, das sind Thommi, Katrin, Sabine und ich, Michael der Erzähler. Thommi und Katrin sind ein Paar. Seit drei Jahren verheiratet, aber schon viel länger zusammen. Sabine und ich sind auch ein Paar, schon seit längerer Zeit verheiratet.

Was bisher geschah! Eigentlich hatte sich Thommi vor zwei Jahren zum Geburtstag von allen Gästen Geld schenken lassen, weil er eine große Tour mit Bahn, Bus und Schiff durch Kanada geplant hatte. Als er dann vor gut einem Jahr von meinen Plänen erfuhr wieder einmal nach Amerika zu reisen, bekam er spontan die Idee mit uns zusammen zu reisen. Bine und ich dachten ein wenig darüber nach, denn die letzte gemeinsame Reise lag ca. 20 Jahre zurück und die gemeinsam verbrachte Zeit in den letzten Jahren liegt deutlich im unteren zweistelligen Bereich. Eigentlich wollte ich mir einen uns unbekannten Teil der neuen Welt ansehen und nun stand plötzlich wieder Kalifornien im Fokus. Uns Zwei interessierte schon wie sich alles nach 9 Jahren, unserem letzten Aufenthalt in den Staaten, verändert haben könnte und nun kam die Idee dem bewährten „Alten" etwas Neuem hinzuzufügen. Wenn schon noch mal Kalifornien, dann aber zum Abschluss nach Hawaii. Das junge Paar war sofort begeistert und so nahm die Planung seinen Lauf. Kurze Zeit später wurden die Flüge gebucht, die Route geplant, Hotelzimmer gemietet und ein gescheiter Mietwagen bestellt.

Und heute ist es endlich soweit, der große Trip kann beginnen. Wir checken frohen Mutes unser Gepäck nach San Francisco durch und lassen uns die verschiedenen Bordkarten ausdrucken. Thommi und Katrin schließen sich unserem „weg-flieg-ritual" an und trinken mit uns einen Kaffee bei Starbucks vor dem Flug. Das hat sich mal so mit unseren Kindern ergeben und ist nicht mehr wegzudenken. Selbstverständlich sind die Kinder heute auch wieder dabei. Papa zahlt, auch selbstverständlich.

Der Flug nach München hat etwas Verspätung aber unser Aufenthalt auf dem „Franz-Josef-Strauß" ist mit zwei Stunden ausreichend groß um nicht gleich in Panik zu verfallen. Da wir keine Sitzplätze auf diesem ersten Flug reserviert haben sitzen wir verteilt in der Kabine und freuen uns wie die Kinder über unser Wiedersehen in München.

München – San Francisco ist pünktlich. Wir sitzen in Zweierreihen hintereinander, und die positive Stimmung dieses Quartetts scheint die Flugbegleiterinnen anzustecken. Wir trinken einen leckeren Wein zum Essen und danach verwöhnt man uns die nette Crew mit ein, zwei Baileys – on the rocks.

Später, als ich zum Lockern der Gelenke eine kleine Spazierrunde durch den Flieger mache, kocht eine Flugbegleiterin spontan für sich und mich noch einen frischen Kaffee und wir klönen im Heck des Airbus A340 über Gott und die Welt. Pünktlich um 18:50 setzen wir in San Francisco auf. Nach 12 Stunden Flug ähneln wir Rennpferden in ihrer Start Box. Wir springen aus dem Flugzeug und machen uns, immer noch bestens gelaunt, auf zur Immigration. Glücklicherweise sind wir scheinbar das einzige Flugzeug zu dieser Stunde. In nur 10 Minuten haben wir die Einreiseformalitäten, Abdrücke vom Finger der rechten Hand, Finger der linken Hand, rechter Daumen, linker Daumen erledigt. Alles wird gescannt und dann noch ein hübsches Porträtfoto, Achtung nicht lachen, und ab zum Gepäck. Die letzte Skepsis an einen gelungenen

Urlaubstart verfliegt mit dem vierten Koffer unserer Reisegruppe, der, unter dem allseits bekannten quietschenden Geräusch des Transportbandes, den Weg in unsere Hände findet.

Ich habe inzwischen die lokalen Vorrausetzungen gecheckt und mache mich, die anderen drei im Schlepptau, auf den Weg zur Monorail. Diese verbindet die Einzelnen, alle in betongrau gehaltenen, Flughafengebäude und somit auch das Parkhaus mitsamt den Autovermietungen. Da uns heute scheinbar das Glück hold ist, sind wir dran bevor sich in unserem Rücken eine Schlange bildet. Zwei Mitarbeiter der Firma Alamo erklären uns den vermeintlich fehlenden Versicherungsschutz, erklären uns die Vertragsstrafe bei Verlust des Navigationsgerätes und bieten uns ein kleineres Auto an, um die Urlaubskasse zu schonen. Wir lehnen die gut gemeinten Angebote freundlich aber bestimmt ab und unterzeichnen die Erklärung zum Navi. Der ausgesuchte Chevrolet Tahoe soll es unbedingt sein, egal ob Achtzylinder und somit Spritschleuder. 5 Minuten später, es ist inzwischen gegen 20:00 Uhr Ortszeit (5:00 Uhr MESZ), trifft uns der Schlag. Vor 9 Jahren war der Tahoe noch wesentlich kleiner gewesen. Jetzt schauen wir auf ein Riesenbaby zwischen verschiedenen mietbaren SUVs, der uns aus überdimensionalen

Scheinwerfern anzulächeln scheint. So ganz sicher sind wir uns plötzlich nicht mehr, ob wir diesen Dino unfallfrei durch die Städte und in die Parklücken bekommen. Augen zu (wahrscheinlich das falsche Bild in diesem Moment) und durch. Die Koffer verschwinden mühelos im Heck des Fahrzeugs und die Mädels machen es sich im hinteren Bereich bequem. Thommi dreht den Schlüssel, der Motor blubbert wohlig vor sich her und die Zweifel hinsichtlich der Größe des Wagens gehören der Vergangenheit an. Ich lotse Thommi Richtung Downtown und trotz erheblicher Verkehrsumlenkungen, aufgrund der Gay Pride an diesem Wochenende, erreichen wir im zweiten Anlauf unser Hotel, das Embassy.

Ich springe aus dem Wagen und erkundige mich nach dem Parkplatz. Laut Hotelvoucher sind Parkplätze vorhanden, müssen nicht vorreserviert werden und kosten lediglich 17 $ pro Tag/Nacht. Der spätschichtschiebende Mitarbeiter nuschelt mir allerdings entgegen, das sein Parkplatz leider besetzt sei, aber zwei Blocks weiter, im Opernparkhaus, können wir parken. Kostet das gleiche wie bei ihm. Also werden die Mädels an der Rezeption geparkt und auf zum Opernparkhaus. Mit eingezogenem Kopf, aufgrund der geringen Höhe bei der Einfahrt, fahren wir in das Untergeschoss. Hier kommt uns schon ein beflissener Valet-Boy entgegen und im Augenwinkel erblicke ich ein überklebtes Gebührenschild. Für dieses Wochenende hat man sich auf 60 $ abgesprochen. Die Gay Pride, ihr versteht. Ich verstehe nur Abzocke und ohne Grinsen wenden wir, um diesen Klüngel zu entkommen. Jetzt heißt es das Auto, zumindest bis zum nächsten Morgen, auf der Straße parken. Es läuft. Nur ca. 100 m entfernt, um die Ecke des Hotels, entdecken wir eine Möglichkeit bis 9:00 morgens kostenlos zu parken. Thommi bittet mich draußen zu gucken, damit wir mit unserem Boliden nichts kaputt machen. Ich steige aus und erfahre binnen weniger Sekunde selbst Unterstützung. „Schönes Auto" und „hier könnt ihr parken, ich passe drauf auf" schnarrt mir der Fremde ins Ohr und sogleich wird mir auch der Preis mitgeteilt. Seine Frau wäre behindert und für 6,99 $ könnte er ihr ein Menü bei Burger King besorgen, damit sie nicht Hunger leiden muss. Vorsichtig verweigere ich die gütige Gabe, muss dies allerdings einige Male wiederholen, da mein Wächter scheinbar schwerhörig ist oder nicht verstehen will. Thommi blieb derweil im, von innen verschlossenen, Auto sitzen. Bei 230 $ hat das Navi bei ihm höchste Priorität.

Zurück im Hotel checken wir ein und beziehen die Zimmer. Bine und ich haben leider kein so schönes Zimmer erwischt, also ehrlich gesagt eine absolute Bruchbude. Normalerweise protestiere ich gegen den Wunsch meiner Frau nach einem anderen Zimmer, aber diesmal bin ich unterwegs bevor sie was sagen kann. „Es ist Gay Pride, wir sind komplett" nuschelt der Employier of the night. „vielleicht morgen".

Erste leichte Delle in der Urlaubsfreude meiner Frau. Es ist inzwischen schon fast 21:30 Uhr und er ist an der Zeit noch einen Happen essen zu gehen. Drei Hauseingänge weiter ist ein kleines Restaurant und wir finden auch noch einen Platz. Sichtlich überfordert studieren wir die kleine aber feine Karte und entscheiden uns für zwei Vorspeisenteller für vier Personen. Als die Wirtin das Essen bringt, drückt sie ihre Verwunderung aus, dass die gebrachten Speisen für uns reichen sollen. Wir erklären unser momentanes Gefühl, lange Reise, etwas müde usw. „Na da müsst ihr doch richtig Hunger haben" flötet sie. Sie macht auf dem Absatz kehrt und ist augenblicklich mit 4 Löffeln wieder da. Minuten später bringt sie eine große Terrine mit Eintopf und stellt diese in die Mitte des Tisches. Gelebte Gastfreundschaft.

Samstag, der 27.6.2015

Die Nacht war trotz des wenig anheimelnden Zimmers ok. Wahrscheinlich hätten Sie uns auch im Schlafsack an die Wand hängen können für diese Nacht. Ich wage morgens ein Blick aus dem Fenster: Innenhof, Parkplatz. Ja Parkplatz und wie ich so gucke, sehe ich ein Pärchen Ihre Koffer im Auto verstauen. Sofort bin ich in Hemd und Hose und laufe zur Rezeption. Heute Morgen ist eine junge Dame zuständig. „Selbstverständlich können Sie auf dem Hof parken, ich mache ihnen auf" höre ich sie rufen, da ich schon halb in den zweiten Stock gesprintet bin um den Schlüssel bei Thommi zu holen. Von der Galerie erfrage ich noch schnell den Preis, der mich dann fast ohnmächtig werden lässt. „Für Hotelgäste ist das Parken kostenlos" erwidert sie. Jackpot. Ich hole das Auto, parke es im Innenhof und freue mich auf das Frühstück. Das nehmen wir im angrenzenden kleinen Café zu uns. Während der Kaffee abkühlt und die Bagels frisch zubereitet werden, gehe ich auf die junge Rezeptionistin zu und frage nach einem anderen Zimmer. „Einen kleinen Moment bitte" und als nächsten kommt „ja, wir haben ein geräumtes Zimmer schon fertig, das können Sie nach dem Frühstück beziehen". Läuft bei mir.

Gestärkt, durch einen frischzubereiteten Bagel mit Ham, Cheese and Egg, sowie einen guten Kaffee machen wir uns auf den Weg zum Wendepunkt der Cable Car an der Market Street. Es sind nur knapp 15 Minuten, mitten durch den Tenderloin District, bis Downtown erreicht wird. Der Tenderloin ist ein Stadtteil San Franciscos, dem der Ruf vorauseilt, dass in ihm überdurchschnittlich viele Homeless People leben. Also Obdachlose, wie sie bei uns genannt werden. Der Bezirk macht an diesem Morgen seinem Ruf alle Ehre. Wir schlängeln uns durch Trauben von Obdachlosen, die Luft wiegt schwer und riecht süßlich. Ein deutliches Zeichen für einen hemmungslosen Genuss von Cannabis.

Am Wendepunkt der „Cable Car" haben sich schon einige Touristen eingefunden um die atemberaubende Fahrt über die Hügel der Stadt zu erleben. Die Mädels nutzen die Wartezeit und schauen sich in den angrenzenden Beautyläden schon mal um, während Thommi in Schlange geht und ich die Karten am Kiosk besorge. Somit müssen wir diese nicht an Bord kaufen und können uns ganz auf die Fahrt konzentrieren. Als unsere Cable Car ankommt haben wir haben das Glück die ersten beim Einsteigen zu sein. Somit ergattern wir die besten Plätze in Fahrtrichtung und ich kann, ganz wir in alten Filmen, in vorderster Front draußen hängend die rasante Fahrt genießen. Wir fahren die Route bis zum nördlichen Ende und steigen dann wenige hundert Meter vor dem berühmten Pier 39 aus. Der morgendliche Hochnebel hat sich inzwischen verzogen und ein azurblauer Himmel lässt die Stadt erstrahlen. Der Weg zum Pier ist mit verschiedenen Souvenirläden und Fahrradverleihen gespickt. Also können wir uns gleich nach den besten Tarifen für die Ausleihe von Fahrrädern erkundigen. Morgen wollen wir die Golden Gate Bridge mit dem Fahrrad überqueren. Ich habe mir im Vorfeld der Reise zum Geburtstag verschiedene Attraktionen schenken lassen. Die Fahrradtour ist eine davon, und bald wird sie eingelöst. Mit einem Rabattgutschein von „Bay City Bike" beenden wir die Erkundungen und spazieren nun straight auf die Pier zu. An den verschiedensten Landungsbrücken für die Fähren nach Sausalito und zur Gefangeneninsel „Alcatraz" vorbei, lassen wir uns von unzähligen Straßenkünstlern unterhalten. Am Ende dieses „Laufstegs" befindet sich das weltbekannte „Pier 39". Ein überdimensionaler alter Holzsteg, der seit zig Jahren nicht mehr der Schifffahrt dient. Heute, liebevoll bebaut, zieht er den Touristen das Geld aus der Tasche. Locken auf der westlichen Seite noch, auf Pontons lebende, Seerobben, so sind es ansonsten Läden voller

Süßigkeiten, Bekleidung und natürlich alle Formen der Gastronomie. Einer dieser Läden, der Gastronomie und Bekleidung kombiniert, ist das „Hard Rock Café". Ein Lieblingsladen von Thommi, heutzutage besonders was die T-Shirts anbelangt. Davon besitzt er bereits einige und hat es sich zum Vorsatz gemacht, aus jeder jetzt zu bereisenden Stadt der USA ein Erinnerungsstück mitzunehmen. Er verschwindet in dem kleinen Bekleidungsabteil des „Hard Rock Café" und entscheidungsfreudig wie er nun mal ist, erscheint er bereits nach einer Dreiviertelstunde wieder vor der Tür. In der Tüte ein Shirt der Limited Edition von San Francisco. Allerdings ist es mehr ein Zelt als ein ihm passendes Shirt. Aber die Verkäuferin im Laden hat einen guten Job gemacht „it fits good" hat sie ihm augenzwinkernd zugeflüstert und somit lässt er keinen unserer Zweifel zu. Inzwischen ist es Mittag geworden und die Pier ist ziemlich voll. Überall wuseln Touristen in die Läden, verteilen sich auf dem Boardwalk oder sitzen bei einem kühlen Getränk in den zahlreichen Lokalen. Durst ist das was auch uns langsam quält und so suchen wir uns ein schönes Plätzchen um der Dehydrierung vorzubeugen. Leider müssen wir uns dafür von der Pier 39 entfernen. Zurück entlang des Hafenbeckens finden wir ein nettes Plätzchen in einem kleinen

Imbiss. Als Belohnung singt gegenüber ein Straßenmusikant zum Playback und zwei bis drei lustige Gestalten tanzen oder swingen zu den Melodien. Sie schrecken nicht einmal davor zurück, vorbeihuschende Passanten zum Tanzen aufzufordern.

Die Entscheidung fällt für ein kühles amerikanisches Draft-Bier. Nebenbei wird das Flair dieser Weltstadt am Pier aufgesogen. Als nächstes Ziel wird der Girardelli Square ausgegeben. Eine alte Schokoladenfabrik unweit unseres jetzigen Plätzchens. Direkt davor befindet sich die Wendestelle der zweiten Cable Car Route.

Girardelli ist berühmt für seine sagenhaften Schokoladenvariationen und so entschließen wir uns zum Kauf einiger Tafeln, die den Weg bis Berlin halten sollen. Die meisten jedenfalls. Da heute nicht mehr in den heiligen Hallen produziert wird, gibt es hier Restaurants, Modegeschäfte, drei bis vier Schokoläden und eine Eisdiele. Das Eis von Girardelli müssen wir auf jeden Fall noch probieren. Da ich nicht so gerne Eis esse, setze ich aus und wir marschieren mit drei großen Eistüten weiter in Richtung Lombard Street. Das ist diese berühmte Straße die sich den Berg hinab in vielen kleinen Windungen ergibt. Inzwischen steht sie auch als kurvenreichste Straße im Guinness Buch der Rekorde. Da man den schönsten Blick von oben hat, pirschen wir uns den Berg hinauf von hinten an. Der mühsame Anstieg hat sich gelohnt. Vor uns liegt die kurze, vielfach gewundene Straße. Links und rechts gesäumt von großen, herrlich leuchtenden Hortensienbüschen, sowie riesigen hängenden Bougainvillen. Von hier hat man einen tollen Blick, quer durch die Stadt bis hin zum Telegraphenberg, den Coit Tower. Ein kleiner Fußweg an der Seite der Straße führt uns nach unten. Wir genießen den Blick auch aus dieser Perspektive und freuen uns an den beiden Polizisten, die unermüdlich die Autofahrer auffordern nicht stehen zu bleiben. Die Karawane rollt, bis ein mexikanischer Weltenbummler mit seinem Motorrad am Fuß der Straße, mitten auf der Kreuzung, anhält. Er steigt von seinem Motorrad, nimmt den Helm ab und fängt an Bilder zu machen. Es braucht mehrfache Ermahnungen der entspannten Polizistin bis er das Feld endlich, mit einem zufriedenen Lächeln, räumt. Wir entschließen uns unseren Stadtbummel fortzusetzen und machen uns Richtung Coit Tower auf. Von hier soll man einen tollen Blick über den Hafen und Alcatraz haben. Der Tower diente früher dazu, ankommende Schiffe frühzeitig zu erkennen und dann telegrafierte man an die entsprechenden Stellen welches Schiff in Kürze

San Francisco erreichen wird. Also wieder einen Hügel erklimmen. Das Wetter ist immer noch toll, aber der Ausblick vom Fuße des Tower enttäuscht dann doch ein wenig. Inzwischen hat sich die Flora ungezügelt und unbeschnitten entwickelt und verbirgt den von uns vermuteten Weitblick.

Als nächstes machen wir uns nach Chinatown auf. Bine ist ein wenig enttäuscht, da sie dieses exotische Viertel durch das bekannte Drachentor betreten wollte. Wir kommen aber aus der gegenüberliegenden Richtung und werden das Tor beim Ausgang durchqueren. Aber das wird bei einer erfrischenden Pause in Little Italy geklärt, zwischen Coit Tower und Chinatown. Auch die Italiener haben sich in der Metropole niedergelassen und machen mit vielen kleinen Ristorante und netten kleinen Tischen auf dem Trottoir auf sich aufmerksam. Pause muss sein, Hunger hat aber noch keiner so richtig, obwohl es nun schon Nachmittag geworden ist und wir seit 6 Stunden durch die Stadt marschieren.

Nach Chinatown haben sich heute nicht viele Touristen verlaufen, was an den vielen Ramschläden liegen mag, die die Straße beidseitig säumen. Lebensmittelgeschäfte mit den bekannten hängenden Geflügel oder anderen Getieren findet man leider nur noch vereinzelt. Wenigsten erfüllt eine kleine Prozession in Form eines gelben und eines rosa Drachens mitsamt einer Trommlertruppe noch das Klischee. Vom Drachentor ist es nicht mehr weit zum Union Square, dem Zentrum Downtowns. Hier schließt sich der Kreis und damit auch unser heutiger Stadtrundgang.

Um nicht den gleichen Weg durch das Tenderloin zurück zu müssen, entscheiden wir uns für die Marketstreet als Heimweg. Vielleicht können wir auch noch Vorbereitungen für die morgen stattfindende Gay Pride beobachten, die dort stattfinden soll. Es handelt sich aber eher um Nachbereitungen. Tausende von Menschen strömen uns entgegen und ebenso viele Polizisten säumen die Straße. Die zum Großteil nicht mehr ganz nüchternen Jugendlichen, sei es vom Alkohol oder von den Drogen, kommen von der Party an der City Hall, dem Rathaus. Es ist keine bedrohliche Situation, aber trotzdem gehen wir lieber in Schlangenlinien als ein paar anzurempeln. Vor uns nimmt ein Polizist einem Jugendlichen das alkoholische Getränk aus der Hand, und sofort entwickelt sich ein heftiges Wortgefecht. Die Stimmung kann sehr leicht umschlagen. Besonders wenn schwarze Jugendliche auf weiße Polizisten treffen, scheint es im Moment von Vorurteilen belastet. Die City Hall liegt unweit von unserem Hotel und so bahnen wir uns den Weg durch die Massen. Vor dem Rathaus entspannt sich das Ganze ein wenig und wir erhaschen den Blick auf Stände mit Essen und Trinken. Auf der Bühne spielt noch eine Band aber der Höhepunkt der Party scheint vorbei zu sein. Bei uns springt der Funke auch nicht so richtig über. Katrin und Thommi sind auch nicht für die angebotenen Speisen zu begeistern und favorisieren ein Abendessen sitzend einzunehmen.

Ein Block weiter erreichen wir unser Hotel und der nuschelnde Abendschichtler empfiehlt uns auf Nachfrage das Restaurant Max. Er dealt also nicht nur mit dem Valet-Boy aus dem Opernparkhaus sondern auch mit den Kellnern. Thommi und ich gehen voraus, peilen die Lage und reservieren einen Tisch, letztlich auch mangels Alternativen. Das Auto will ich auf keinen Fall vom Parkplatz nehmen.

Thommi hat sich einen Fensterplatz erbeten, den wir auch bekommen. Der ist wahrscheinlich noch frei, in einem sonst sehr gut besuchten Restaurant, weil sich direkt über dem Tisch der Lautsprecher des live spielenden Pianistin befindet. Sei`s drum, das Essen ist ok. Außerdem sind wir ziemlich platt vom gelatsche und den vielen Eindrücken des heutigen Tages. Somit erstreckt sich der

Verdauungsspaziergang nur über einen Block. Außerdem möchte ich im Walgreens an der Ecke noch einen Traveller Scheck einlösen. Früher waren diese Schecks das ideale Zahlungsmittel. Jeder hat diese Schecks akzeptiert. Ich habe sie immer benutzt um Bargeld in der Tasche zu haben, welches ich nicht teuer am Automaten „kaufen" wollte. Wenn man einen 50 $ Scheck einlöst und nur ein Sixpack Wasser für 1,99 $ kauft, erhält man 48,01 $ bar zurück. So ist man wieder flüssig für die 1 Dollar Gräber wie Valet-Boys, Kofferträger und sonstige Trinkgelder. Nun, in diesem Jahr stellt man sich etwas stur und Walgreens ist diesbezüglich noch eine Bank. Walgreens ist so etwas wie der Rossmann Amerikas, eine große Drogeriekette. Mit Wasser und frischem Bargeld machen wir uns auf den Weg nach Hause. Beim Hotel angekommen entdecken wir an der Kreuzung an der unser Eckhotel liegt, eine Straßensperre. Dahinter wird eine weitere Bühne für die Gay Pride aufgebaut. Wir sind also morgen mittendrin.

Sonntag, der. 28.6.2015

Die erste Frage heute Morgen kommt von Thommi und sie lautet: „Kommen wir heute irgendwie nochmal beim „Hard Rock Café" vorbei? Das Shirt ist zu groß." Ich wusste es.

Die Frauen hatten den Wunsch geäußert nicht wieder Slalom durch den Tenderloin District laufen zu müssen und somit habe ich mich nach einer Busverbindung umgesehen. Eine Parallelstraße weiter, in der Van Ness Ave hält ein Bus, der uns direkt zu unserem Fahrradverleih bringt. Zufällig hält der Bus auch noch direkt vor den kleinen Kaffee-und Snackläden in denen wir heute frühstücken. Unser Café im Hotel macht wegen der Gay Pride später auf und hat uns diese beiden Läden empfohlen. Den Kaffee im linken Laden und dann mit dem Kaffee nach rechts in den Snackladen. Irgendwie überlese ich eine Zutat bei der Frühstückbestellung und bekomme einen warmen Bagel mit satt Nutella und obendrauf Erdbeermarmelade. Ich hasse Nutella und diese einzigartige Kombination ist das Perverseste was ich je gegessen habe.

Im Bus wird mir sofort der Gedanke an meinen Bagel genommen. Es riecht übel nach Urin und Kot in dem Bus und wir sind froh, dass der vermeintliche Übeltäter an der nächsten Station aussteigt. Leider haben wir uns getäuscht und die Wurzel des Übels sitzt immer noch in unmittelbarer Nähe. Ein, erst auf den zweiten Blick, ungepflegter Afroamerikaner. Das hat uns gerade noch gefehlt. Alles, aber keine Diskussion zum Thema Rassismus am frühen Morgen. Das Thema hatten wir 1992 in New York und ich glaube Bine denkt auch in diesem Moment an diese Szene. Also trotz offener Fenster umstellen auf Mundatmung und durch. Inzwischen steigt ein weiteres Touristenpaar zu, denen es wie uns ergeht. Mit gerümpfter Nase nestelt sie umständlich nach einem Erfrischungstuch und hält es dann aber so geschickt, dass auch wir in durch den Fahrtwind den Genuss einer parfümierten Wolke kommen.

Puh, geschafft. Nach drei, vier Atemzügen frischer Luft betreten wir den Fahrradverleih und nehmen uns ein paar schicke Fahrräder. Wir wollen später mit der Fähre zurück und buchen die Tickets gleich mit. Da sich amerikanische Räder nicht großartig von den unsrigen unterscheiden, schwingen wir uns in die Sättel und auf geht`s. Entlang geht es an einigen Fischerbooten zur rechten und dem Girardelli Square zur linken, Richtung Golden Gate Bridge. Leider spielt das Wetter im Moment noch nicht mit und es ist bedeckt und ziemlich trübe.

Trotzdem ist es schön an der Wasserlinie entlang zu radeln. Nach einigen Kilometern entdecken wir zur linken Hand ein tempelartiges Gebäude, welches uns in den Bann zieht. Im ersten Augenblick denken wir an etwas asiatisches, da vor dem gartenähnlichen Eingang eine Menge Asiaten stehen. Diese drücken uns aber lediglich ein paar Werbeflyer zum Thema Yoga in die Hand. Bei dem Kuppelbau handelt es sich um ein liebevoll restauriertes Gebäude aus dem Jahr 1915, Es war Teil der Panama-Pazifik Ausstellung, die im Jahr 1915 in San Francisco stattgefunden hat. Wir sind stolz diese wundervolle Anlage entdeckt zu haben, da sie in keinem Reiseführer Erwähnung findet. Kurz danach gilt es die ersten Steigungen zu nehmen. Der Nebel hat sich verdichtet und hier und da fällt auch ein wenig Nieselregen auf uns herab. Das kann die Freude aber keineswegs trüben. Noch schnell ein Gruppenfoto in unmittelbarer Nähe der Brücke, dann die letzte Rampe gemeistert und oben sind wir. Das Gefühl ist nicht zu beschreiben. Die dicken Stahlseile, der bekannte, dicke mannigfache rote Anstrich, der Beton der uns von der Fahrspur trennt. Alles das wirkt gewaltig und wir radeln über das schwingende und leicht vibrierende Ungetüm. Durch die vielen Wolken verschwindet immer wieder ein Teil der Brücke und im nächsten Moment hüllt sich ein anderes Teil der Brücke in Nebel. Mystisch, Fog der Nebel der Anmut, möchte ich titeln. Ab und zu halten wir an und schauen in die Tiefe, 67 m sind es am höchsten Punkt. Katrin ist nicht so für das hinunterschauen, da sie ein wenig an Höhenangst leidet. Tapfer, das sie trotzdem die Radtour mitmacht. Viel zu schnell sind die 2.700 m geradelt und wir sind am anderen Ende angekommen. Ein Blick zurück und noch ein Foto, dann tauchen wir unter dem Brückenausleger durch und machen uns auf den Weg nach Sausalito. Hierher hat es vor langer Zeit die Hippies verschlagen, die mangels bezahlbaren Wohnraums in San Francisco, auf Hausbooten wohnten. Ich bin ein wenig enttäuscht denn der Ort ist inzwischen total touristisch durchgestylt. Für den neuen Fahrradtourismus hat man eigens Fahrradspuren, eine Ausschilderung für Fahrradparkplätze, und dann auch noch Bezahlstationen für Räder angelegt. Nur an den Berghängen, die Sausalito liebevoll umgeben, erkennt man die einstige Schönheit dieses Ortes. Zur Verpflegung mit kalten Getränken reicht es aber allemal. Die Sonne hat sich jetzt Ihren Weg gebahnt und es ist wieder schön warm geworden. Entschlossen lösen wir unsere Räder von den Bügeln der Fahrradgarage und machen uns auf den Weg zu den Fähren. Ohne den Parkplatz zu bezahlen, den die freundlichen Einweiser haben vergessen uns ein Ticket auszustellen. Ätsch! Wir entschließen uns die Schnellfähre zu nehmen. Da kommen wir zwar nicht am Pier 39 an, aber dafür fahren wir an der Ostseite von Alcatraz vorbei und das auch sehr langsam, damit alle genug Fotos machen können.

Zu meiner Überraschung landen wir mit unserem Schiff genau am alten Embarcadero der auch 1915 gebaut wurde und der Handelshafen von San Francisco war. Heute ist das alte Gebäude ein Szenetreff der Naturkostszene, mit einem Markt der umliegenden Biobauern am Samstag und einigen Restaurants. Erstmals erkennen wir junge Leute, die wohl auf der Gay Pride gewesen sein müssen. Allerdings erinnert die Verkleidung der Menschen eher an den Karneval der Kulturen in Berlin als an einen Auflauf gleichgeschlechtlich Liebender. Jedenfalls sehen die Leute beim Christopher Street Day, unser Gay Pride, ganz anders aus. Wir steigen wieder auf die Räder und entlang der Piers fahren wir zur Bike Rental zurück. Dann gehen wir zu Fuß zum „Hard Rock Café", tauschen das Zelt gegen ein Shirt und suchen die Kneipe mit dem leckeren Bier von gestern nochmal auf. Die Bushaltestelle des „49" ist auch gleich um die Ecke, das passt. Nach gut 30 Minuten an der Haltestelle und einer bunten Ansammlung von zukünftigen Mitfahrern denken wir ernsthaft darüber nach, den Fußweg über die Hügel zu nehmen. Ich rechne schnell einen Zeitaufwand von 1 ½ Stunden aus, und schon sind wir „on the Road". An der zweiten Ecke drehen wir uns um und sehen den „49", wie er sich der Haltestelle nähert. Laufen ist gesund und es murrt auch keiner, als der zweite steile Hügel erklommen werden will. Dahinter sage ich, sehen wir dann Downtown liegen, das beruhigt. Wir kommen sogar am Cable Car Museum vorbei, lassen es aber rechts liegen. Ein kurzer Blick durch die großen Fenster des Backsteinbaus reicht uns. Das gleich dahinter kommende Nobelhotel The Fairmont lassen wir nicht links liegen. Pullerpause! Gehen Sie vor bis auf Los, könnte unsere Parole lauten. Wir wollen nicht abkürzen sondern schauen was die Gay Pride heute auf der Market Street so treibt. Besser getrieben hat, denn hier sind die Aufräumarbeiten schon im vollen Gange. Nur Richtung City Hall verdichtet sich, wie gestern, die Menschenmenge. Und wir staunen nicht schlecht. Junge Frauen mit nacktem Oberkörper, Over stylte Transen und Lederboys bewegen sich durch die immer voller werdenden Straßen. Wenigstens macht heute das prüde Amerika mal eine Ausnahme und keiner wird wegen seiner Freizügigkeit verhaftet. Zur Nacktheit oder dicken Lidschatten gesellen sich am frühen Abend rote Augen und verschwommene Blicke.

Kurz vor unserem Hotel müssen wir einen Umweg machen, da der direkte Weg hoffnungslos mit feiernden Menschen verstopft ist. Wir wohnen mittendrin, das ist toll, aber irgendwie sind wir auch kaputt und möchten etwas essen. Für das Abendessen will ich im Bon Voyage einen Tisch bestellen, aber heute geht es nur nach Warteliste. Als ich meinen Namen auf das Bilboard schreiben will übergibt sich gerade eine zu exzessiv Feiernde zu meinen Füßen im Eingangsbereich des Restaurants. Mir vergeht das essen und wir ziehen, mangels Alternativen im heute megachaotischen Umfeld unserer Herberge, wieder ins Max. Lieber durchschnittlich essen, als hungrig zu Bett gehen. Auf dem Heimweg haben sich die Straßen merklich geleert. Die Bühne wird bereits abgebaut, einige Versprengte tänzeln noch auf der Straße Richtung Heimat. In Amerika feiert man scheinbar nach der Stechuhr. Sogar der Bettler der die beiden letzten Tage im Rollstuhl sitzend vor dem Max gebettelt hat, läuft vor uns her. Beschwingten Ganges und mit den Passanten ein Schwätzen haltend. Feierabend!

Montag, der 29.6.2015

Als ich ausgeschlafen aus dem Fenster unseres neuen Zimmers blicke, entdecke ich zum ersten Mal bewusst die Twin Peaks. Die beiden Hügel sind die Kulisse der gleichnamigen Fernsehserie aus vergangener Zeit und eine erklärte Sehenswürdigkeit von Katrin. Sie sind mit 300 m der zweithöchste Gipfel in San Francisco und wurden von den spanischen Missionaren wegen ihres Aussehens „Los Pechos de la Chola" genannt. Zu Deutsch, die Brüste des Indianermädchens . Von hier hat man einen phantastischen Blick über die Stadt. Nach dem Frühstück, welches wir heute wieder bei den netten Mädels im benachbarten Café einnehmen, packen wir unser Auto und machen uns auf den Weg. Beim letzten Blick aus dem Hotelzimmer lagen die Hügel wieder im bekannten morgendlichen Nebel. Doch für uns ziehen die Wolken, just in dem Moment als wir die Hügel erklimmen, von dannen. Wir verabschieden uns hier oben von der Stadt und machen uns auf den Weg zum Big Sur, der atemberaubenden Küstenstraße in Richtung Los Angeles. Dabei geht es zuerst durch Teile der sogenannten „Salatschüssel" Kaliforniens. Gemeint ist ein Gebiet von South San Francisco über Salinas bin hin nach San Luis Obisbo. Eine Strecke von insgesamt knapp 400 km . Rechts und links der

Straße liegen Felder mit den verschiedensten Gemüsen, von der Aubergine bis zur Zuckererbse. Alles satt grün und ausreichend gewässert. Überall sieht man Gruppen von Erntehelfern, die gebückt über den Feldern ihre Arbeit verrichten. In der Höhe von „Half Moon Bay" geht es dann für uns zum Wasser und wir beginnen unseren Küstentrip. Im Radio spielt „Shut up and dance". Das Lied dringt zum ersten Mal an unser Ohr, aber nach ein paar Akkorden klapsen unsere Synapsen. Wir wippen und singen nach 1:30 bereits den Refrain fehlerfrei mit. Das ist unser Lied, bemerkt Thommi, und er hat Recht. Der Song passt zu uns, er verbreitet gute Laune und ist somit ein Spiegel unseres Urlaubs.

Kurze Zeit später machen wir eine Pause in Santa Cruz. Hier besuchen wir den Boardwalk, ein kleiner Vergnügungspark direkt am Strand. Beine vertreten und ein paar Fotos machen. Kindergruppen bevölkern in einheitlichen T-Shirts den Boardwalk, Ferienprogramm. Irgendwie zieht sich die Küstenstraße doch etwas länger als ich sie schon großzügig berechnet habe. Wir lassen daher Monterey und seine phantastische Bucht als Haltepunkt aus und bestaunen diese nur aus dem Auto beim vorbei fahren. Die Bucht von Monterey ist eine sehr tiefe Bucht und gilt als eine der artenreichsten auf der ganzen Welt. Gut, tauchen wären wir eh nicht gegangen und daher muss theoretisches Wissen reichen. Dafür halten wir noch in „Carmel by the sea". Ein Ort von seltener Schönheit. Hier gibt es keine Neubauten, und wenn dann sind sie auf uralt getrimmt. Kleine Hutzelhäuser mit schiefen schindelgedeckten Dächern. Verwunschen, geheimnisvoll, wenn da nicht inzwischen die Busse mit den Touristen wären. Die kommen nicht nur wegen der schicken Häuser, sondern weil hier Brad Pitt, Jennifer Aniston und noch einige Schauspieler wohnen. Früher lebten hier z.B. Ernest Hemmingway und Jack London. Somit gilt Carmel als ein altes Künstlerdorf. Noch zu erwähnen wäre, dass Clint Eastwood hier viele Jahre Bürgermeister war, von 1968 bis 1988. Bine hat sich gewünscht hier einen Kaffee zu trinken, einen Wunsch den ich ihr nicht erfüllen möchte. Ich freue mich auf die nächsten Kilometer entlang der zauberhaften Küste Kaliforniens. Das Wasser zur rechten schimmert dunkelblau und auf den seichten Wellen tanzen weiße Schaumkronen. Der schmale Uferrand leuchtet türkisblau. Zur Linken erheben sich die Berge, die, je nach Sonneneinstrahlung, ihre Farbe verändern. Zwischen beige, rosa und sattem Rot können sie sich scheinbar nicht entscheiden. Endlich erreichen wir Nepenthe. Ich habe mir diesen Ort, eigentlich nur ein Haus, vorher für eine

Kaffeepause ausgesucht. Von der Cafeterrasse hat man den schönsten Blick auf die sich in der Sonne aalenden Küste. Leider habe ich mich verschätzt. Während in Deutschland gegen 16:30, so spät ist es jetzt, Primetime für Kaffee und Kuchen ist, hat hier das Kaffee just in diesem Moment geschlossen. Auf der darüber liegenden zweiten Terrasse wird bereits zum Diner gebeten. Gut das wir in Santa Cruz ein paar Muffins gekauft haben. Wir stellen uns einen schönen Tisch und Stühle auf der leeren Terrasse zurecht, Blickrichtung Steilküste soweit das Auge reicht, und genießen unser Gebäck. Statt Kaffee gibt es Selters, davon haben wir immer reichlich im Auto.

Gestärkt machen wir uns auf die letzten Kilometer bis zum Motel. Keine stille Fahrt, den hinter jeder der zahlreichen Kurven jauchzen wir ooh`s und aah`s. Schön, schöner am schönsten, von Biegung zu Biegung. Als die Berge zu unserer Linken flacher werden, erleben wir die nächste Überraschung. Ein Schild weist uns auf Seeelefanten hin und einen naheliegenden Parkplatz. Wir stoppen daher und steigen aus. Sofort frisst sich beißender Gestank in unsere Nasen und die Ohren werden auch nicht verschont. Das Brüller der Seeelefanten ist weithin zu hören und der Gestank augenscheinlich zu sehen. Der Hauch des stinkenden Atems steigt bei jedem

Brüller dieser fetten Säuger in den Himmel, und sie brüllen viel und sie sind viel. Grob überschlagen liegen hier 70 fette Seeelefanten am Strand und erzählen sich was.

Das war doch kurz vor unserem Etappenziel noch eine wahrlich dicke Überraschung. Genau wie das riesige Kraftwerk, das dort steht, wo ich den Übernachtungsort vermute. Gott sei Dank liegt unser Motel ein wenig weiter Richtung Süden, so dass wir das Kraftwerk gar nicht mehr sehen. Wir machen Station in Morro Bay und wohnen im Breakers Motel. Das Motel habe ich ausgesucht, weil es ein typisch amerikanisches Motel ist. Der asphaltierte Parkplatz, links davon die Zimmer, zur rechten ein 9 qm großes Gebäude, die Rezeption und weiterhin ein kleiner eingezäunter Pool. Wir checken ein und machen uns auf den Weg zum Abendessen. An der Wasserlinie reihen sich ein paar Restaurants auf, die frischen Fisch anbieten. Von allen Gaststätten hat man einen tollen Blick auf den Berg, der inmitten der Morro Bay liegt. Er sieht aus wie ein zu Wasser gelassener Zuckerhut. Davor liegen Seerobben und Otter auf einigen Holzpontons mitten im Wasser. Als die Sonne blutrot hinter dem Zuckerhut versinkt, bin ich mir sicher, dass es die richtige Idee war hier zu übernachten. Ein kleiner Abendspaziergang beschließt diesen Tag, der wieder voller wunderbarer Eindrücke war.

Dienstag, der 30.6.2015

American Breakfest im Motel. Das bedeutet alle Hotelbewohner holen sich ihr Frühstück in der Rezeption. Hier steht eine Kaffeemaschine, zwei Doppelschlitz-Toaster, Marmelade, Toast und Kleingebäck. Mit uns vieren und zwei weiteren Personen bringen wir den Service zum Erliegen. Der Raum ist gerammelt voll, die Sicherung springt jedes Mal raus wenn beide Toaster in Betrieb sind und die Rezeptionistin, jetzt auch Küchenfee, steht kurz vor dem Nervenzusammenbruch. So kann der Tag beginnen. Wir sind eher amüsiert als beeindruckt vom bösen Gesicht der Küchenzofe.

Frisch gestärkt und den letzten Kaffee auf dem Parkplatz schlürfend machen wir uns gemütlich auf den Weg nach Los Angeles, der Stadt der Engel. Es steht noch ein kleinen Zwischenstopp in Santa Barbara auf dem Programm. Die Stadt besticht mit ihrer spanischen Architektur. Entlang der Hauptstraße haben sich renommierte Marken niedergelassen. Wohl wissend, dass viele Touristen wegen der schönen Fassaden und Innenhöfe hier eine Pause einlegen. Mit dem Erwerb eines Blistex, das ist ein medizinischer Lippenstift, gelingt es mir einen weitern 50 $ Traveller Scheck in einer

Drogerie zu Bargeld zu machen. Santa Barbara; Check!.

Zurück zum Highway 1, der Küstenstraße, und Jagd gemacht auf die Reichen und Schönen. Nach einigen Minuten erreichen wir Malibu. Die wunderschönen Häuser direkt am Strand können sich nur die oberen Zehntausend leisten. Und das Scheinen immer weniger zu werden, denn vor vielen der Anwesen prangen große Schilder „zu verkaufen". Hübsch ist es hier allemal. Einen Promi haben wir noch nicht gesehen und darum drehen wir jetzt ab Richtung Mulholland Drive. Hier oben in den Bergen, direkt über Hollywood und mit einem phantastischen Blick über Los Angeles, soll man auch das ein oder andere Starbüdchen sehen können. Leider verfahre ich mich total und wir landen in einer Sackgasse, von L.A. nichts zu sehen. Meine orientierungslose Irrfahrt kostet uns so viel Zeit, dass wir unser Vorhaben abbrechen müssen und direkt zum Hotel fahren. Eine richtige Entscheidung, denn alsbald stehen wir im Stau. Gegen 17:00 erreichen wir das „Kawada", unser Domizil für die nächsten drei Nächte. Schön zentral gelegen, gegenüber der Walt Disney Music Hall. Wir entscheiden uns für das Valet-Parking, 20 $ pro Tag, und überlassen dem Boy unseren Wagen. Uns bleibt eine Stunde zum Akklimatisieren, dann müssen wir zum Stadion der Los Angeles Angels aufbrechen.

Heute steht ein weiteres Geburtstagsgeschenk vor der Einlösung. Das Baseballspiel L.A. Angels gegen die New York Yankees. Yeah! Um die Atmosphäre aufzusaugen, wollen wir eine Stunde vor Spielbeginn da sein. Unsere Zimmer liegen im dritten Stock gegenüber, sind klein und schräg. Ja schräg, der Fußboden fällt so extrem ab, das man im Bad denkt man ist auf einem Schiff. Auf dem Bett beschleicht uns die Angst wir könnten nachts rausrollen. Witzige Architektur, wenn`s so gewollt ist. Der Boy holt uns um 18:00 den Wagen, wir fahren los und stehen im Stau. Irgendwie bekomme ich schlechte Laune. Ich habe zwei feste Verabredungen in den Staaten und die erste droht zu scheitern. 20 Minuten vor Spielbeginn sind wir im Stadion und versuchen uns zu orientieren. Bier kostet 15 $ und der Hot Dog, als günstigste Speise, fängt irgendwo bei 5,75 $ an. Wir finden eine Bierbar, die den Gerstensaft für 9 $ verkauft. Allerdings muss ich den Nachweis erbringen, dass ich schon 21 bin. Ich reiche dem Erfüllungsgehilfen hinter dem Tresen meinen rosa Führerschein von 1989. Das hat der scheinbar noch nie gesehen oder ich wirke tatsächlich zu jung auf dem Foto. Er entschuldigt sich und verschwindet in den hinteren

Räumen. Wahrscheinlich zum Gruppenlachen in den Katakomben. Bine hat inzwischen Hot Dogs besorgt und versucht jetzt die brühend heißen Dinger aus dem Stanniol zu wickeln und noch mit Geschmacksverstärker wie Senf und Ketschup zu versehen. Sie wirkt wenig amused aber dem jungen Paar geht es ebenso. Mit Speis und Trank in der Hand machen wir uns auf den Weg in den dritten und obersten Stock. Zwischendrin ein allgemeines innehalten, drinnen schmettert eine Dame die Nationalhymne, danach flott weiter auf unsere Plätze. Das Stadion ist, für einen Dienstagabend, sehr gut gefüllt. Auf den Rängen dreht sich alles um das Miteinander, der Konversation und der Nahrungsaufnahme. Für das Spiel interessiert sich keiner so wirklich richtig, Hauptsache man unternimmt etwas miteinander.

Von den Plätzen hat man einen sehr guten Blick über das gesamte Stadion. Die umständliche Versorgung mit Hot Dogs hätte wir uns allerdings sparen können. Alle 10 Minuten taucht ein Verkäufer mit einer Thermobox auf. Kurze Zeit später wandern, in Alufolie gewickelte, Hot Dogs von Hand zu Hand durch die Reihen, gefolgt von einer Menge kleinerer Tüten Ketchup, Relish usw. Das geht sogar ohne großes anpreisen von sich. Lediglich der Eisverkäufer sorgt bei Katrin für einen

Tinnitus. Da die Sitze relativ dicht an der Treppe sind, ist sie davon besonders betroffen, wenn es alle 20 Minuten „Dippin doooots" heißt. Inbrünstig bietet der Eisverkäufer meist vergebens sein Eis an. „Dippin Dots" ist ein erst im Mund schmelzendes Eis in Form von Liebesperlen.

Der erste Punkt für die Yankees sorgt dann auch nicht für mehr Begeisterung, erst als die Angels im fünften Inning in Führung gehen, kommt Stimmung im weiten Rund auf. Die Führung gelingt mit einem Homerun und ein kleines Feuerwerk erhellt den inzwischen dunklen Abendhimmel zur Belohnung. Katrin habe ich versucht die Spielregeln zu erklären. Sie behauptet auch alles verstanden zu haben, aber irgendwie spielen die da unten Ihrer Meinung nach nicht wie ich es erklärt habe. Spaß hat sie trotzdem, wie wir alle. Die Baseballkappe für Olli haben wir gekauft, und ein Selfie für den daheim gebliebenen Karteninvestor auch geschossen. Nach drei unterhaltsamen Stunden und einen Sieg der Angels im Gepäck machen wir uns todmüde auf den Weg ins schräge Hotel.

Mittwoch, der 1.7.2015.

Rick`s Café, direkt neben dem Hotel, toppt unsere bisherigen positiven Frühstückserfahrungen. Auch hier wird alles frisch zubereitet und in der Auslage befinden sich neben einigen kleinen Gebäckteilchen auch köstliche anzuschauende Petit Four. Wir lassen unseren Wagen holen, der Vorteil vom Valetparking, und machen uns auf nach Hollywood. Zuerst fahren wir direkt unter das Schild, der weltberühmte Schriftzug prangt zum Anfassen nah über uns, ohne dass wir verbotenes Terrain betreten. Danach versuchen wir es nochmal mit ein paar Villen, deren Adressen ich mir extra vorher notiert habe. Leider scheint es diese aber nicht zu geben. Das Navi führt uns entweder im Kreis oder an der Nase herum. Während ich etwas traurig bin, Katrin den Wunsch nach Promis nicht erfüllen zu können, ist sie da anderer Meinung. Sie ist der festen Überzeugung mindestens drei Promis gesehen zu haben. Leider hat sie sie nur nicht sofort erkannt, da diese ungeschminkt unterwegs gewesen sind. Sodann verlassen wir die Berge über Hollywood und begeben uns direkt zum Hollywood Boulevard. Das Auto parken wir etwas vom Schuss und machen uns zu Fuß Richtung Chinese Theater auf. Während sich die mittelgroßen rosa Sterne auf dem Boulevard über einen Kilometer erstrecken, befinden sich die Hand-

und Fußabdrücke von vielen bekannten Stars direkt vor dem Chinese Theater. Genau gegenüber vom Chinese Theater entdecken wir unseren ersten, erkennbaren, Star. Paul Rudd lässt sich geduldig mit seinen Fans fotografieren, während sich um ihn herum eine Menschenmenge angesammelt hat. Ansonsten ist es hier schmutzig, laut und natürlich voll. Zwischen dem Chinese Theater und dem Kodiak Theater, in dem die Oscars vergeben werden, ist das Hard Rock Café. Thommi entscheidet sich spontan zum Kauf eines Shirts. Welches er nimmt….das dauert etwas länger.

Um den Eindruck dieses ehemaligen Prachtboulevards zu verdeutlichen. Unser Auto steht ca. 500 m vom Chinese Theater entfernt. Hier gibt es keine teuren Parkplätze mehr, sondern nur noch Münzparkuhren. Das Geld für die Parkuhr wechselte ich in einem der vielen Sexshops. Diese säumen den Boulevard ab 300 m Entfernung von der Oscarverleihung. Ich kann das erzählen, da Thommi immer noch nicht aus dem Hard Rock wieder raus ist. Als nächstes steht der Rodeo Drive auf dem Programm und ein Käffchen am Melrose Place hat sich Katrin gewünscht. Aber irgendwie scheint der Funke auch bei ihr nicht überzuspringen. Beverly Hills 90210 hat seinen Glanz verloren und so genehmigen wir uns nur einen Frappuccino von

Starbucks, bevor wir einer der teuersten Einkaufsmeilen den Rücken kehren. Irgendwie wollte uns auch keiner in den Laden bitten, in unseren kurzen Hosen. Scheinbar steht heute nicht die Generation von Pretty Woman hinter dem Tresen.

Was wäre ein Besuch in LA ohne den Besuch von Venice Beach. Hier treffen sich die Globetrotter dieser Welt und singen für ein paar Dollar, während daneben gestandene Künstler ihre Kreationen verkaufen. Während man hier früher gemeinsam über den Laufsteg lief, hat man jetzt alles schön säuberlich getrennt. Die Fußgänger und die Radler haben ihre eigenen Wege, die Skateboarder zeigen ihre Künste auf großen Trickboxen, Ramps und Pipes. Was bleibt ist der Menschenauflauf am Muscle Beach. Mit großen Augen werden die vollendeten Körper der gebräunten Athleten bestaunt. Besonders an diesem Beach ist aber auch die Weite, die Tiefe des Strandes. Vom Laufsteg, gesäumt von Palmen, und dem Meer trennen mindestens hundert Meter feinster heller Sand die Fußgänger vom Wasser. Da der Himmel etwas verhangen ist, ist es nicht so voll und wir kommen gut voran. Wir schreiten den Beach von vorne bis hinten ab und schauen von der Angelpier auf den, am frühen Abend, bereits verlassenen Strand. Auf dem Rückweg suchen wir vergebens ein anheimelndes Lokal, in dem wir zu Abend essen können. Dafür wird mehrmals Cannabis, oder wie man hier sagt Weeds angeboten. Zurück am Ausgangspunkt unseres Venice Ausflugs steigen wir wieder in das Auto und fahren ein Stück zurück bis zur 2nd Street. Hier haben wir auf der Hinfahrt unzählige Restaurants entdeckt.

Unsere Unschlüssigkeit bei der Restaurantauswahl entlang der Hauptstraße ist heute unser Glück. Thommi entdeckt in der Seitengasse ein hübsch aussehendes Fischrestaurant. So etwas haben wir gesucht. Hereinspaziert und lecker Fisch gegessen. Als eine hervorragende Wahl entpuppt sich der maritime Grillteller. Die Krönung ist dann allerdings ist ein kleines Spirituosengeschäft um die Ecke, als wir zum Wagen zurückgehen. Wir entdecken ein Flasche Baileys und kaufen diese trotz sündhaft teurem Preis prompt. Die nette Crew der Lufthansa hatte uns mit diesem Getränk sichtlich angefixt. Einen winzigen Schluck des sahnigen Whiskylikörs auf Eis genehmigen wir uns als kleines Betthupferl. Und so endet auch dieser Tag in wohliger Zufriedenheit und die Staus, die uns den ganzen Tag begleitet haben, rücken in den Hintergrund.

Donnerstag, der 2.7.2015

Stadtspaziergang! Da wir mitten in Downtown wohnen, entschließen wir uns das Auto heute Vormittag stehen zu lassen und ein bisschen durch die Innenstadt zu spazieren. In unserem Hotel wohnen im Übrigen sehr viele Besucher der Anime Ausstellung im nahen Convention Center. Es ist putzig, wenn du mit Batman und zwei japanischen Manga Krankenschwestern im Aufzug fährst. Wir beginnen mit dem Central Market, der sich in 50 m Entfernung befindet. Hätten wir nicht bei Rick`s gegessen, hier hätten wir auch eine tolle Auswahl gehabt. Danach geht es zum „Angels Flight" der den oberen und unteren Teil der Innenstadt seit 1901 verbunden hat. Leider fliegt hier seit einem Jahr keiner mehr. Sicherheitsvorschriften lassen das ehemalige Wahrzeichen Downtowns zur Ruine verkommen. Momentan versucht eine Interessengemeinschaft die Zahnradbahn wieder in Betrieb zu nehmen. Es fällt aber sehr schwer 50.000 $ für die Wiedereröffnung und je 10.000 $ für den monatlichen Betrieb alleine durch Spenden zusammen zu bekommen. Wir gehen an der Walt Disney Music Hall vorbei zum Stadtpark, an dessen Ende das Rathaus steht. Ein prächtiger Brunnen im vorderen Bereich des Parks bringt uns Erfrischung. Heute ist es wieder wohlig warm und die Music Hall bietet mit ihrer silbernen Fassade einen tollen Kontrast zum azurblauen Himmel. Da das Hotel gleich um die Ecke ist, beenden wir unseren Rundgang und wollen unser Auto holen lassen. Wir müssen feststellen, dass uns der Valet-Boy gestern Abend unseren Beleg nicht wiedergegeben hat und hoffen den Wagen auch nur durch die Gesichtskontrolle zu erlangen. Es klappt. Der Boy lächelt uns bereits von weitem an und sagt ohne ein Wort von uns: „I know, i know, the big one".

Erleichtert über die Unkompliziertheit geht es zur Geburtsstätte von Los Angeles. Ein kleine mexikanische Ansiedlung, heute bestehend aus einem Pfarrhaus und einem Straßenmarkt, erinnert gegenüber der Union Station (das ist seit je her der Hauptbahnhof der Stadt) an die Ursprünge der Stadt. Als nächstes möchte ich den Anderen noch den Farmers Market zeigen. Einst ein zentral gelegener Obst- und Gemüsemarkt, lockt man heute die Touristen mit allem an, was man essen kann. Nach diesem kleinen Zwischenstopp fahren wir weiter nach Santa Monica. Als erstes besuchen wir den Boardwalk. Einmal den Holzsteg hin und langsam zurück und dann machen wir, bei herrlichem Sonnenschein, einen ausgedehnten Strandspaziergang. Nach so vielen Sehenswürdigkeiten wird es auch mal Zeit die Seele ein wenig baumeln zu lassen. Für das Abendessen habe ich eine kleine Brauerei in Westwood, ein kleiner feiner Stadtteil von LA, ausfindig gemacht. Allerdings existiert dieses Studentenlokal nur noch im Reiseführer, der Laden ist inzwischen eine Krabbenpuhlbude. Die Krabben werden ungeschält in Plastiktüten an den Tisch gebracht. Durch die Fenster sieht man hungrige Mäuler mit fettigen Händen über Bergen von Fischabfällen schwatzen. Die Mädels und auch Thommi wollen sich die Hände nicht schmutzig machen und so geht es in ein angrenzendes besseres Restaurant. Gemischtes Publikum, leckere Pizza. Danach fahren wir zurück in unsere Hotel. Heute Abend hat ein Club direkt neben dem Hotel geöffnet. Die dunkle Tür war uns bisher gar nicht besonders aufgefallen. Es sieht total finster in dem Laden aus und so beschließen wir den Abend bei einem Bailey auf dem Zimmer ausklingen zu lassen. Im Club spielt inzwischen eine Live Band und das bis 2 Uhr morgens. Ich bin dabei, allerdings nur mit den Ohren.

Die Bilder auf den nächsten Seiten:

Unser erstes Abendessen in San Francisco, Cable Car, Lombard Street,

Vor und nach der Golden Gate Bridge, Carmel by the Sea, Big Sur

Baseball in Los Angeles, Hollywood, Walt Disney Music Hall

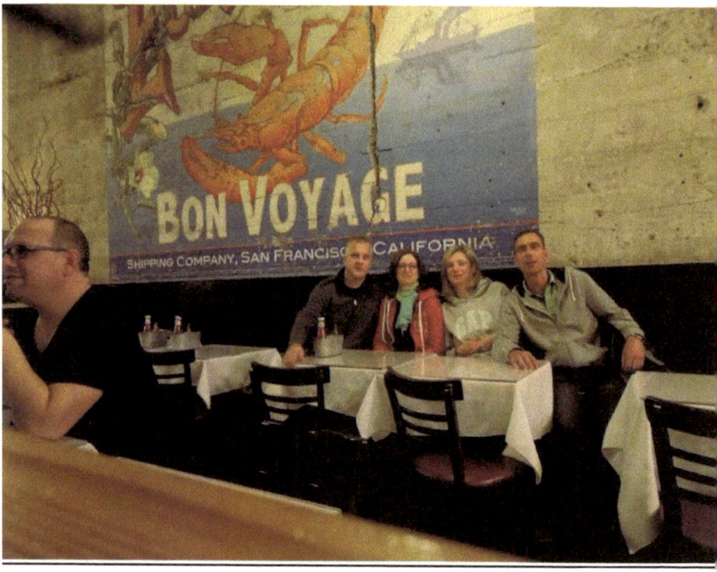
BON VOYAGE
SHIPPING COMPANY, SAN FRANCISC CALIFORNIA

swatch

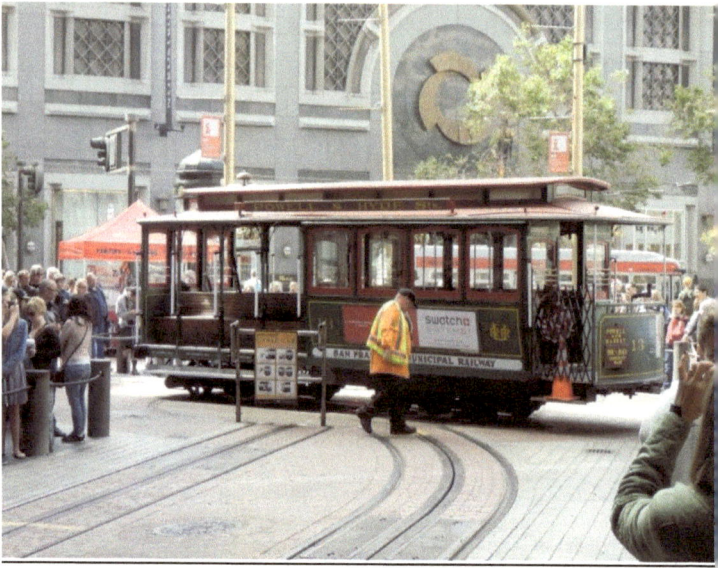

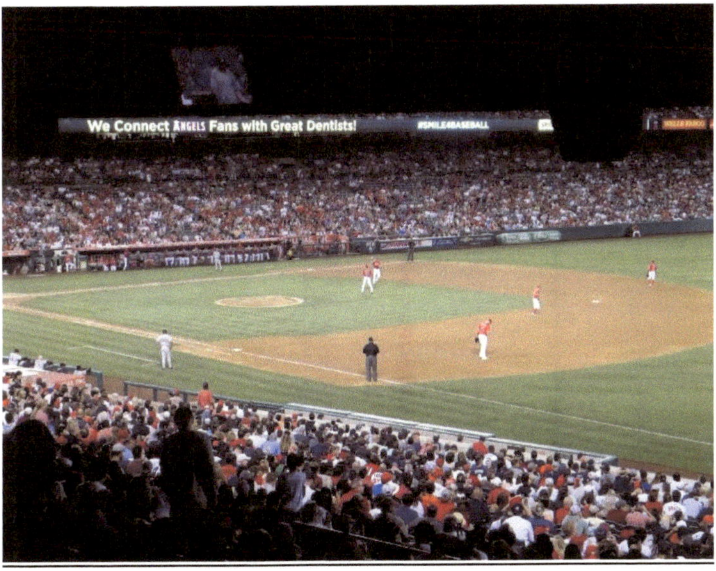
We Connect ANGELS Fans with Great Dentists!
#SMILE4BASEBALL

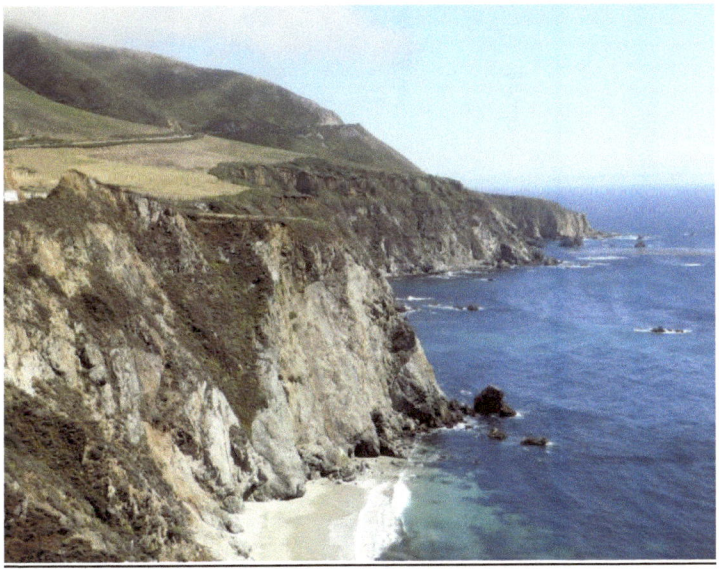

Freitag, 3.7.2015

Heute wird ein entspannter Tag. Ziel ist heute San Diego, unserem nächsten längeren Aufenthalt. Unterwegs werden wir in Carlsbad Station machen um in einer Premium Outlet ein wenig einzukaufen. Wir genehmigen uns zwei Stunden, um getrennt voneinander auf Schnäppchenjagd zu gehen. Da Thommi zuerst bei Hilfiger im Laden war und dort eine Stunde benötigte, verlängern wir gleich mal auf drei Stunden. Hungrig von der Suche nach Rabatten essen wir danach eine Kleinigkeit bei einem Taco Bell in unmittelbarer Nähe. Keine gute Idee fällt mir beim ersten Biss in den Wrap ein, da wir heute Abend garantiert auch mexikanisch essen werden.

Wir entscheiden uns für die Küstenstraße und fahren gemächlich an kleinen Orten vorbei, die zum Essen geradezu einladen. Es ist der Tag vor dem Unabhängigkeitstag und überall ist es voll. Die Amis gönnen sich ein verlängertes Wochenende. Alsbald müssen wir auf den Highway zurück, da die Zeit schon wieder verrinnt. Wir erreichen gegen 17:00 das Fairfield Inn in Old Town San Diego. Es ist ein schickes Hotel und die Zimmer sind die besten die wir bisher hatten. Leider liegt unseres direkt an einer Feuerschutzdurchgangstür, die ständig krachend ins Schloss fällt. Morgen werden wir das Zimmer wechseln. Routine! 200 m entfernt vom Hotel befindet sich das Café Coyote. Ein super mexikanisches Restaurant mit großen Portionen, angemessenen Preisen und der besten Margherita in San Diego. Da das Ambiente stimmt und der Magen knurrt, bedarf es nicht viel Überredungskunst um Katrin und Thommi in den Laden zu lotsen. Er gefällt Ihnen auf Anhieb und wir verbringen eine schöne Zeit im Lokal, da man sich hier auch noch Zeit lässt. Danach machen wir noch einen Bummel durch Old Town und besuchen die Fiesta del Rey. Drei Restaurants, außen herum ein paar kleine Andenkenläden, Livemusik und fertig ist die Laube. Bis 23:00 geht es hier jeden Abend ab. Für uns ist es auch schon spät. Müdigkeit macht sich nach dem Shoppingerlebnis breit und so beenden wir den Tag.

Samstag, der 4.7.2015

Unabhängigkeitstag! Der höchste Feiertag der Amerikaner, der traditionell mit einem grandiosen Feuerwerk endet. Aber das ist erst am Abend und der ganze Tag liegt noch vor uns. Wir laufen 10 Minuten bis zur Bahnstation und kaufen uns ein Tagesticket für die Tram. Sie bringt uns in die Innenstadt, direkt bis zum Gaslamp Quarter. Spontan entscheiden wir uns für einen heutigen Besuch im Petco Park, der Baseball Arena im Herzen von San Diego. Wir kaufen Karten für die 12:00 Uhr Führung und schlendern bis dahin die Hauptstraße im Gaslamp Quarter einmal hoch und wieder runter. Dieser District hat seine Bezeichnung von den alten Gaslaternen, die hier in der Nacht etwas Licht spenden. Hauptsächlich Bars und Restaurants beherbergt dieser Straßenzug. Kurz vor zwölf sind wir zurück am Treffpunkt für die Führung, mit sieben anderen baseballbegeisterten Amerikanern. Der sogenannte Ballpark liegt inmitten von Wohn-und Geschäftshäusern. Das riesige Gelände war Brachland und die Gegend drum herum nicht die Beste. Man erwarb das Gelände für wenig Geld und verpflichtete sich neben dem Stadion einen neuen Stadtbezirk entstehen zu lassen. Man hat Wort gehalten. Bereits 4 Jahre nach Baubeginn, im Jahr 2005 eröffnete das Stadion.

Rundherum stehen nun neue Gebäude und für die Begrünung wurde ein kleiner Park eingerichtet, der an das Stadion grenzt. Er ist jederzeit für jedermann zugänglich. Lediglich an Spieltagen kostet es 10 $ Eintritt, da man von hier das Spielfeld sehen kann. Zwei Gründe gab es für den Bau des Ballpark. Zum einem musste man sich das Qualcomm Stadium mit den American Footballern San Diegos teilen und zum zweiten wollte man unbedingt ein Allstar Game nach San Diego holen. Bereits 2009 war uns das Stadion aufgefallen, ich hatte nur verpasst Karten zu besorgen. Diesmal findet zwar kein Spiel an den Tagen statt, die wir in der Stadt verbringen, aber ich wollte den Ballpark unbedingt mal von innen sehen. Unsere Stadionführerin ist ein eingeschworener San Diego Padres Fan und der erklärende Rundgang ist für uns alle ein voller Erfolg. Zuerst kommen wir auf eine kleine Steh-Tribüne im oberen Bereich des 42.445 Zuschauer fassenden Stadions. Von hier können wir uns einen Überblick verschaffen. Unten spielt der Greenkeeper mit seinem Hund auf dem heiligen Rasen Ball. Danach geht es über die Tribünenränge, vorbei an den Journalistenplätzen hinunter in die Play Area. Wir kommen sogar bis an die Base des Schlägers, dürfen aber den Rasen, im Gegensatz zum Greenkeeper und seinem Hund, nicht berühren. In den Katakomben zeigt sie uns dann den Umkleideraum der Gäste und versichert uns, der der Padres sehe genauso aus. Wer`s glaubt. Das hier ist alles total schäbig und ich kann mir nicht vorstellen, dass ein Baseballspieler, Verdienst zwischen 3 und 10 Mio. im Jahr, sich hier umziehen muss. Im Übrigen ist der Petco Park auch ein Geschenk, das bedeutet ein Selfie geht an den Schenkenden, als Beweis.

Zurück in die Hauptstraße des Gaslamp Quarters genauer gesagt in die Straße, die das Hard Rock Café beherbergt. Kleiner Stopp zum Klamottenkauf und dann weiter in die angrenzende „Westfield Horton Mall" zur Aufnahme von Erfrischungsgetränken. Vorher wird aber noch der gefühlt 120.te Victoria Secret Laden gestürmt. Wir suchen ein Passport Wallet für Nathalie, der Freundin unseres Sohnes. Leider war das mal eine Sondernummer und ist leider nirgendwo mehr zu haben. Immerhin fallen für die Ladys noch ein paar knappe Schlüpper ab, die sind am heutigen Feiertag besonders günstig. Zurück zu den Getränken. Mein Bier wird von Thommi gesponsert, dafür referiere ich die wichtigsten Geschichten aus dem Petco Park. Das ging da manchmal ein wenig schnell mit dem erklären und wir wissen ja, wie die Leute hier nuscheln. Gestärkt laufen wir Richtung Seaport Village. Das ist eine Gartenanlage am Wasser der

San Diego Bay mit kleinen niedlichen Restaurants, Waterfront. Von hier wollen wir das abendliche Feuerwerk bestaunen und es macht den Anschein, nicht nur wir. Es sind schon mehrere Hundert Schaulustige unterwegs, die sich teilweise auch dort schon mit Campingstühlen oder Decken eingerichtet haben. Der Amerikaner macht aus solchen Events sehr gerne ein Familienfest. Mit Decken und ausreichend Getränken und Essen richtet man sich häuslich ein und wartet geduldig bis zum Höhepunkt. Wenn das mitgebrachte Essen nicht reicht, stellt man sich geduldig in eine nicht enden wollende Schlange des nächsten Kiosk.

Es ist gerade einmal 15:30 Uhr. Hier in San Diego liegen die wichtigsten Sehenswürdigkeiten recht nah bei einander. Das ist mir vorher nicht aufgefallen. Auch die Midway, ein zum Museum umfunktionierter Flugzeugträger, ist nur wenige Gehminuten vom Seaport Village entfernt. Leider können wir heute nicht mehr das Museum erkunden, da alle Karten für heute schon ausverkauft sind. Mit den heutigen Eintrittskarten hätte man vom Flug Deck noch das Feuerwerk ansehen können. Praktisch aus der ersten Reihe. Das wusste ich leider nicht. Es ist inzwischen 16:15 Uhr. Ich mache den Vorschlag nach Hause zu fahren, in Old Town etwas zu essen und dann zum Abend wieder mit der Bahn in die Stadt zu fahren. Der Vorschlag wird einstimmig angenommen. Wir speisen gegenüber des Café Coyote und Bine bestellt sich eine Margherita Spezial. Super. Ein Pokal so schwer, das sie beide Hände braucht um in an die Lippen zu führen. Gottseidank verdünnt das viele Eis im Drink den Alkohol.

„Sitt und satt" machen wir uns frisch und ziehen wieder Richtung Innenstadt. Ich hatte zwar damit gerechnet, dass ein paar Menschen mehr da sind als am Nachmittag, aber so voll habe ich es nicht erwartet. Und es strömen jeden Moment noch mehr Leute nach. Eine schier unerschöpfliche Quelle von Menschen flutet die Wege und Rasenflächen des Seaport Village. Kurz vor Beginn des Feuerwerks sind selbst die steinernen Wälle vor der Kaimauer komplett besetzt. Die Verrückten sitzen bis zum Wasserrand um den besten Blick zu haben. Und endlich, punkt 21:00 Uhr oder 9:00 pm blitzt das erste Lichtlein am Himmel. Es folgen 15 Minuten Lichtshow und Theaterdonner. Besonders schön sind die bunten Raketen, die nicht mehr nur rot oder grün sind, sondern hier mit einem Knall die Farben blau, weiß und rot in den Himmel malen. Die Nationalfarben werden mit einem lauten jauchzen der unzähligen Menschen begleitet. Ein furchterregender Doppelknall gepaart mit einem taghellen Supersternenregen beendet die Show. Sieht aus, als ob Einige jetzt die Blase drückt. In aller Eile strömen die Massen, jetzt nicht mehr nach und nach, sondern alle auf einmal aus dem Seaport. Die Massen verstopfen die Straßen um, nein nicht zum Auto, zur Bahn zu kommen. Ja, was ist da denn in den USA passiert. Man fährt nicht mehr mit dem Wagen überall hin, man nimmt die Öffentlichen. Chaotische Zustände herrschen an Bahnsteig und die sonst zuvorkommenden Amerikaner schubsen und drängeln sich in die eben anhaltende Bahn. Wir können uns auch noch in die Bahn quetschen und fahren heim. Am Pool des Hotels sitzend genehmigen wir uns noch einen Baileys, den wir diesmal gegenüber vom Hotel käuflich erworben haben. Wir kommen sogar noch in den Genuss das Feuerwerk von Sea World am Himmel mitzuerleben. Ein Mitbewohner klärt uns auf, dass wir dieses Vergnügen jeden Tag haben können, durch die Nähe von Sea World zum Hotel. Heute ist es natürlich besonders schön. Mit einem Strahlen im Gesicht gehen wir zu Bett.

Sonntag, der 5.7.2015

Ein Blick aus dem Fenster zeigt bewölkten Himmel. Schade, für den heutigen Tag hätte man etwas Sonne gebrauchen können. Wir frühstücken erstmal gemütlich. In diesem Hotel ist das Frühstück inbegriffen und es ist ein tolles Frühstück. Waffeln, Bagel und Toast, dazu Honig, Marmelade und Erdnussbutter. Reichlich Cerealien, Säfte, Milch und Joghurt sind im Angebot. Zudem gibt es verschiedene Eierspeisen mit Würstchen und das amerikanische Outmeal. Dieses Outmeal probiere ich selbstverständlich und kann nicht verstehen, wie man diesen geschmacksneutralen Brei am Morgen zu sich nehmen kann. Katrin und Thommi stimmen mir nach einem Probierhäppchen zu. Bine kennt sich aus, meint sie, bereit sich die Speise mit Zucker und Zimt zu, nur so ist es richtig. Allerdings verzieht auch sie beim ersten Happen angewidert das Gesicht und stellt den Kleister in die Ecke. Ansonsten kann man nicht meckern. Es gibt sogar verschiedene Milch. Die verkauft man in Amerika auch als fettarme 0,2% Milch. Fraglich ist nur, warum es das gibt. Sie sieht aus wie trübes Wasser und schmeckt auch so. Keine Ahnung warum man das braucht.

Vier Touristen brechen gemütlich zum Balboa Park auf, einer großen Gartenanlage mit zahlreichen

Museen und vielen historischen Gebäudeensembles. Der Balboa Park feiert dieses Jahr seinen 100. Geburtstag nachdem er 1915 zur Weltausstellung errichtet wurde. Es sind nicht die einzelnen besonders herausragenden Attraktionen, vielmehr ist es die Gesamtheit, die diesen Park so besonders macht. Bei Sonnenschein würde das bestimmt noch besser aussehen. Trotzdem schauen wir uns die vielen tollen Gebäude an. Lustwandeln durch die Säulengänge und stehen lange vor dem Spiegelbassin. Wenn jetzt die Sonne durchkommt können wir die hybride Konstruktion des Botanical Buildings, über fetten bunten Kois schwebend, bewundern. Thommi versucht unterdessen die, im Landeanflug auf den San Diego Flughafen befindlichen, Maschinen zu fotografieren. Er braucht einige Aufnahmen, bis es ihm gelingt eine Maschine exakt zwischen den beiden Türmen des „Timken Museum of Arts" einzufangen. Künstlerische Anwandlung oder ein Indiz für Langeweile? Vorbei am japanischen Garten mit seinem schönen Teehaus und der Konzertmuschel geht es zurück zum, inzwischen sehr gut gefüllten, Parkplatz. Im Anschluss fahren wir auf die Insel Coronado mit dem weltberühmten gleichnamigen Hotel.

Der Weg über die Brücke gibt einen wunderbaren Blick auf die Skyline von San Diego frei. Mit dem

Petco Park und dem Seaport Village, wo wir gestern Abend noch das Feuerwerk bewundert haben. Wir parken das Auto etwas abseits und erreichen zu Fuß das Hotel Coronado. Das mondäne Hotel wurde berühmt durch den Film „Manche mögen`s heiß". Hier traf der Rentner Osgood, im Schaukelstuhl sitzend, eine junge Damenkapelle und verliebte sich prompt in ihr Mitglied Josephine, die eigentlich Joe heißt und sich vor Gangster aus Chicago verstecken muss. Eine spritzige, wundervolle Verwechslungskomödie u.a. mit der unvergessenen jungen hübschen Marilyn Monroe. Wir machen trotz des immer noch durchwachsenen Wetters einen kleineren Strandspaziergang, streifen danach uninspiriert durch das überalterte Hotel, und finden in den Straßen von Coronado eine Eisbude. Die vielen Menschen davor und im Laden sprechen für Qualität und so setzen wir uns und genießen die kleine leckere Erfrischung. Danach fahren wir zurück ins Hotel und wollen uns eine Stunde ausruhen. Wir wollen heute Abend im Gaslamp Quarter essen, damit wir dieses Viertel auch mal am Abend erleben. Die Zeit bis zur Abfahrt nutze ich noch für einen kleinen Spaziergang durch Old Town um ein paar unvergessliche Bilder zu schießen.

Die Diskussion ob Bahn oder Auto ist zugunsten des SUVs entschieden worden. Parkhaus und Bahnticket kosten gleich und so sind wir etwas flexibler. Das mit der 0‰ Grenze haben wir bisher immer bestens hin bekommen. Wir wechseln uns immer ab und so kann jeder Mal ein Bier trinken, mehr ist es sowieso nicht. Ein Parkplatz ist schnell gefunden und aus der Bar an der Ecke schlägt uns eine lautstarke Stimmung entgegen. Die Annahme, so ist es abends im Gaslamp Quarter, ist aber schnell widerlegt. Es handelt sich um eine Soccer Kneipe und die amerikanischen Girls spielen gerade um die Weltmeisterschaft. Ansonsten ist es sehr ruhig im angesagten Viertel der Stadt. Unter einzelnen Jubelschreien bei jedem verwandelten Strafstoß beim Elfmeterschießen, essen wir durchschnittlich in einer weiteren Sportsbar, der „Union Kitchen". Die Bedienung ist auch nicht sonderlich aufmerksam. Schnell stellen wir fest, dass das gesamte Quarter nur noch von seinem Namen lebt. Nach dem Sieg der Amerikanerinnen ebbt die Stimmung ab und auf den Straßen könnte man eine Stecknadel fallen hören. Vielleicht haben die meisten Amis ihr Pulver bereits Freitag und Samstag verschossen und sind heute Abend schon wieder Richtung Heimat abgereist. Wir verlassen diesen sogenannten „Hotspot" und köpfen im offenen Innenhof des Hotels noch eine Flasche, vorsorglich kalt gestellten,

Weißweins. Dabei schauen wir uns das Feuerwerk von Sea World an.

Montag, der 6.7.2015

Der Besuch der USS Midway, des Flugzeugträgers steht heute an. Ebenfalls ein Geschenk zum Geburtstag. Gut, dass wir am Samstag keine Karten mehr bekommen haben. Heute nieselt es leicht und das passt natürlich ausgezeichnet für einen Museumsbesuch. Das Schiff ist wirklich riesig und wir laufen kreuz und quer durch das Innere des Flugzeugträgers. Immer auf dem Laufenden gehalten durch einen deutschen Audio-Guide. Als wir das große Flugdeck erreichen, hat es aufgehört zu nieseln und wir entern noch den Aufbau mit der Brücke. Ein Blick auf die Uhr erinnert uns an die ablaufende Parkuhr. Wie schnell doch drei Stunden vergehen können. Beeindruckt verlassen wir den Pott und begeben uns zum Auto. Ich schlage vor noch einen Ausflug nach La Jolla zu machen, einen mondänen Küstenort. Außerdem sollen hier Seerobben am Strand liegen und die Küste wie versteinert aussehen. Auf dem Weg dorthin kommt es endlich zum Showdown zwischen den Fastfood Ketten „In and Out Burger" und „Burger King". In beiden Läden bestellen wir jeweils einen leckeren Burger und teilen diesen. Der direkte Vergleich ergibt einen klaren Sieg für den „In and Out Burger", der allerdings nicht an den JuniorBaconBurger von „Jack in the Box" heranreicht. Inzwischen wird ja versucht die Amis zu einer gesünderen Ernährung zu erziehen. Seitdem steht hinter jedem Produkt einer Fastfood Kette, die Kalorienzahl. Auf uns Europäer wirkt das schon befremdlich und wir entschuldigen uns mit „ist ja Urlaub" über das schlechte Gewissen hinweg.

Nachdem der Burgertest erledigt ist, fahren wir den beschaulichen Küstenstreifen hinauf nach La Jolla. Die Küste ist hier nicht mehr so schroff wie am Big Sur. Die kleinen sanften Hügel zwischen dem Wasser und der Straße sind mit wunderschönen Villen bebaut. Durch die Hanglage muss man auch in den hinteren Reihen einen tollen Meerblick haben. Wir stellen das Auto in Strandnähe ab und marschieren Richtung Norden, in der Hoffnung auf ein paar Seerobben. Tatsächlich sehen die hier liegenden Monolithen wie große Wale aus, die gestrandet sind. Diese reichen bis ins Wasser, sodass ein baden an dieser Stelle unmöglich erscheint. Ein Angler deutet mir den Weg zu den Robben, bemerkt aber, dass er heute noch keine gesehen hätte. Aber wir. Ein paar hundert Meter weiter entdecken wir die kleine Bucht. Vier, fünf Robben tummeln sich im Wasser. Neugierig beobachten sie die Leute an der Wasserlinie. Auf beiden Seiten herrscht doch ausreichend Respekt als das man miteinander schwimmen möchte. Inzwischen ist es schon später

Nachmittag und wir kommen dem Wunsch von Bine nach, nochmal in Richtung der kleinen Orte zu fahren, die wir am 3.7. schon passiert hatten. Dort gab es so viele kleine niedliche Restaurants. Naja, wenn die Dörfer denn leerer sind, wirkt das auch alles ein wenig verlassen.

In einem Restaurant allerdings scheint es recht voll zu sein. Es ist so eine Art Fischimbiss. Passender Weise heißt der Laden hier in Encinitas einfach „Fish Shop". Man wählt den gewünschten Fisch aus einer ausreichenden Artenvielfalt, dieser liegt frisch in der Auslage, entscheidet sich für eine Zubereitungsart und nimmt noch ein „Side" dazu. Salat, Pommes oder Brot. Nebenan, in einem offenen Patio, sucht man sich einen Platz und wenn alles frisch zubereitet wurde, wird einem das Essen an den Tisch gebracht. Perfekt ! Wir suchen uns ein Plätzchen an einer längeren Tafel und kommen auch sofort ins Gespräch mit der 3 Generationenfamilie am anderen Ende des Tisches. Wieder einmal stellen sich sehr schnell deutsche Wurzeln, von irgendeinem in der Familie, fest. Das passiert uns immer, jeder zweite Amerikaner stammt scheinbar aus Deutschland oder kennt zumindest jemanden der aus Deutschland kommt. Dagewesen waren sie alle schon, mit denen wir bisher im Gespräch waren und geliebt haben sie es immer. Da hat sich doch unser

Ausflug richtig gelohnt und der abschließende Tag in San Diego und seiner Umgebung war ein voller Erfolg. Glückselig fährt uns der diensthabende Chauffeur nach Hause, wo wir noch ein Bierchen trinken und danach in die Betten fallen. Morgen geht es früh los.

Dienstag, der 7.7.2015

Auf nach Las Vegas. Wir haben die Autobahnroute genommen. Sicherlich wäre die Alternative, entlang des Colorado River, die schönere gewesen, aber dafür hätten wir rund neun Stunden gebraucht, ohne Pause. So sind es immer noch 5 Stunden Fahrt und Landschaft findet erstmal gar nicht statt. Teilweise gibt es Richtung Los Angeles 10 Fahrspuren, da bleibt natürlich nicht viel Platz für Natur, wenn man einen 100 m breiten Betonstrahl durch die Landschaft baut. Doch bald, als wir uns Richtung Osten orientieren, erinnern mich die Bäume am Straßenrand an den Yoshua Tree Nationalpark. Die putzigen Kaktusbäume haben lustige Püschel an den Enden ihrer dicken Äste. Ansonsten fahren wir jetzt durch ein menschenleeres Gelände, kleine Hügel zur Rechten und zur Linken, aber alles weit weit von uns entfernt. Man wird an alte Westernfilme erinnert, eine weite gelbe Wüste und hier und da ein kleiner Büschel, der auch nicht dagegen hätte vor sich hin zu kullern. Geradeaus vor uns verläuft das Asphaltband, schier unendlich, immer geradeaus.

Wie aus dem Nichts taucht plötzlich ein kleiner Ort auf und als wäre es eine Fata Morgana, und dann beherbergt diese unwirkliche Stätte auch noch eine Outlet. Kilometer davor und dahinter nichts, mittendrin eine Shoppingmall. Fast ausschließlich handelt es sich bei den Besuchern um Asiaten, die von Bussen hierher kutschiert werden, ich weiß nicht woher. Die nächste Oase auf unserem Weg nutzen wir dann um ein wenig Nahrung aufzunehmen. Entlang einer Parallelstraße zum Highway haben sich alle bekannten Fastfood Ketten und Tankstellen angesiedelt. Wir entscheiden uns für den kleinen Jack in the Box mit seinem schmackhaften JuniorBaconBurger und steigen aus. Gluthitze trifft uns wie ein Keulenschlag. Im wohlklimatisierten Chevy haben wir das gar nicht mitbekommen, aber im Schatten herrschen 40° Celsius bzw. wir sind ja in Amerika, 104° Fahrenheit. Leider gibt es hier keinen Schatten. Nach einer knappen Stunde erreichen wir die Staatsgrenze von Californien. Direkt hinter dem Schild, welches uns darauf hinweist, dass wir jetzt in Nevada sind, erhebt sich ein Casino in den Himmel. Glücksspiel ist eben in Nevada nicht verboten.

Nach einer weiteren halben Stunde taucht am Horizont Las Vegas auf. Das heutige Ziel wird aber vorerst links liegen gelassen und es folgt ein kleiner Schwenk Richtung Boulder City, zum Hoover Damm. Dieser Riesenstaudamm generiert den Strom für das grelle, auch nachts taghelle Las Vegas. Markant sind die natürlichen Bergränder des

Stausees. Helle Flächen an den Ufern, die nicht von der Witterung angegriffen wurden, machen deutlich, wie niedrig der Wasserstand ist. Ein Ergebnis der langjährigen Trockenheit. Wir machen auf der Krone des Staudamms noch einen kleinen Abstecher nach Arizona. Direkt in der Mitte des Staudamms befindet sich in der Mitte die Landesgrenze von Nevada und Arizona. Stolz machen wir ein Foto vom Besuch unseres dritten Staates. Außerdem besuchen wir noch die neue Brücke des parallelen Highways, die es den Autofahrern, besonders dem LKW-Verkehr, erspart die Serpentinen hoch und runter zu fahren. Wahrscheinlich kam es auch andauernd zum Stau durch die vielen Besucher des Staudamms. Auf diese Brücke sind die Amerikaner besonders Stolz, da sie in Rekordzeit geplant und gebaut wurde. Es wurde extra eine kleine Ausstellung errichtet und das Bauwerk für die Fußgänger begehbar gemacht. Das bedeutet für Katrin eine neue Herausforderung, die sie bestens meistert. Gemeinsam mit Bine steht sie auf der Brücke und schaut Richtung Hoover Damm. Da es immer noch sehr heiß ist, füllen wir unseren Wasserhaushalt mit den letzten verbliebenen Seltersflaschen im Parkhaus (10 $ Schnäppchen für 1 Stunde) auf. Zudem muss das warme Gebäck weg, welches wir seit San Diego spazieren fahren.

Auf dem Weg nach Las Vegas kaufen wir frisches Wasser en gros und ich erstreite mir an der Kasse die Einlösung eines weiteren Traveller Schecks. Rosa hat die Akzeptanz bestätigt, worauf ich unterschreibe und damit für andere Wertlos mache. Leider kennt sie sich nicht mit der Verrechnung des Schecks aus und ruft die Kassenaufsicht hinzu. Diese will den Scheck dann nicht einlösen. Hinter mir staut sich eine Schlange an der Kasse, während ich vehement auf die Einlösung des nun unterschriebenen Schecks poche. Der Druck wird für die Kassenaufsicht zu groß. Sie löst den Scheck plötzlich doch ein und Rosa, vor 40 Jahren für ein paar Jahre in Heidelberg, entschuldigt sich für meine Unannehmlichkeiten.

Hat sich schon eigentlich mal jemand gefragt, wo eigentlich die ganzen Autos der abertausenden Besucher von Vegas stehen? Ich bisher nicht, kenne aber jetzt die Antwort: Im Rücken der Hotels. Dort befinden sich hässliche Parkhäuser, die diese Massen aufnehmen. Self-Parking immerhin, und somit kostenlos. Dafür schleppen wir unsere Koffer einen ziemlich langen Weg ins Luxor zur dortigen Rezeption. Wir reihen uns in eine lange Schlange mit den anderen zukünftigen Hotelgästen. Ruckzuck fertigen ein Dutzend Mitarbeiterinnen die Gäste ab. Wir sollen im Wohntower, dem nebenstehenden modereneren Neubau, unsere Zimmer bekommen, was ich freundlich ablehne und nach einem Zimmer in der Pyramide bitte. Einmal in Las Vegas im Luxor, da möchte man auch direkt in der Pyramide wohnen. Die nette Rezeptionisten bietet uns im 13.ten Stock zwei nebeneinander liegende Zimmer an und wir freuen uns über diese Wendung. "13 ist unsere Glückszahl" befindet Thommi. Nur noch unsere Liftstation ausfindig machen und schon geht es ab nach oben. Meine Bemerkung, dass der Lift schräg nach oben fährt wird milde von Bine und Thommi belächelt. Vom Rundgang im 13. Stock hat man einen irren Blick in das Innere des Luxor mit seinen Obelisken, Ladengeschäften und Restaurants. Das Casino kann man von hier nicht sehen, denn es befindet sich ein Stockwerk tiefer, unter den Geschäften.

Vom Zimmerfenster schauen wir direkt auf das Mandela Bay Hotel und seinem Wohntower, dem Delano. Beide mit goldener Fassade, Las Vegas eben. Im Hintergrund kann man auf die rötlich gefärbten Berge sehen, die Las Vegas nach allen Seiten umrahmen.

Ohne Zeit zu verlieren fahren mit dem Lift nach unten. Der Drift nach links statt nach oben, überzeugt Thommi von der Richtigkeit meiner schrägen Idee. Bimmel, Klingel und Katsching, im Casino herrscht eine Geräuschkulisse, die Ihres gleichen sucht. Spieler hängen, mit einem Getränk in der Hand und einer Fluppe im Mund, an den „einarmigen Banditen". Leider ist das auch nur noch ein Begriff von früher, denn heute drückt man auf ein Knöpfchen und die Walzen drehen sich. Man benötigt auch keine 25ct. Stücke mehr, eine Scheckkarte wird aufgeladen, in den Automaten gesteckt und der Automat bucht ab. Ganz selten wird auch mal ein Guthaben gebucht, wenn die Rollen an der richtigen Stelle stehen bleibt. Langweilig! Die Casinos sind teilweise miteinander verbunden, so dass wir im Nachbarhotel, dem Excalibur landen, ohne einen Schritt vor die Tür gemacht zu haben. Das Motto in diesem Hotel sind mittelalterliche Ritterspiele, das Casino sieht genauso aus. Selbstverständlich gibt es hier auch Pokertische, Würfelbuden, Roulette und 17 & 4. Aber an diesen Tischen ist um diese Zeit, es ist gegen 20:00 Uhr, noch nicht viel los. Ein Schild weist uns den Weg in das New York, New York. Dafür müssen wir zwar an die Luft, aber die Straßen überquert man über kleine Fußgängerbrücken, jede ausgestattet mit Rolltreppen, direkt vom Ausgang des einen zum Eingang des Anderen. Thema ist die Stadt, die niemals schläft, der „Big Apple".

Das Angebot an Unterhaltung und Restaurants ist überwältigend und dabei haben wir das Casino noch gar nicht gesehen. Ein wenig orientierungslos irren wir durch die verwinkelten Gassen, alles im Erdgeschoß dieses Hotelriesen, von Restaurant zu Restaurant. „Toms Urban" ist der Sieger der Challenge und wir stärken uns vor der anstehenden Besichtigungstour. Vom New York wechselt man in das Aria. Das Motto dieses Hotel lässt sich am besten mit den Worten Luxus beschreiben. Wir verlaufen uns in dem großen, ziemlich neuen, Luxuspalast ohne an den Spieltischen vorbeigekommen zu sein. Wir brauchen ein paar Minuten um den Strip, so nennt sich die Hauptstraßen an deren beiden Seiten die Hotels liegen, wieder zu erreichen. Ceasar`s Palace und Bellagio sind die nächsten auf unserer Straßenseite. Vor dem Bellagio gibt es ein riesiges Wasserbecken mit unzähligen Fontänen. Alle 10 Minuten spucken diese Fontänen das Wasser, choreografiert zu einem Musikstück, hoch in den Himmel. Hunderte von Menschen schauen sich dieses Spektakel jedes Mal an und die Begeisterung sieht man in den Gesichtern. Die Zeit vergeht wie im Flug.

„You`re looking younger then ever" könnte man die nächste Erfahrung betiteln. Der Versuch im Bellagio in einer Bar etwas trinken zu gehen, scheitert am

Türsteher. Nicht dass wir etwa unpassend gekleidet wären. Nein, wir können uns lediglich nicht ausweisen. Und in den USA gibt es nun mal keinen Einlass in Bars vor dem 21. Lebensjahr. Unsere Pässe liegen im Tresor im Luxor. Schade um den Drink, danke für das Kompliment. Diese Abfuhr und die frühe Abfahrt in San Diego, die Einöde und Hitze der Wüste, sowie dieser wahnsinnige Trubel fordern langsam ihren Tribut. Wir wechseln die Straßenseite und machen und gegen Mitternacht auf den Heimweg. Die Lebensgeister von Thommi erwachen erst wieder, als wir an einem Hard Rock Café vorbei kommen. Doch heute wird nichts mehr ausgesucht.

<u>Mittwoch, der 8.7.2015</u>

Ein Tag, der in unsere Geschichte eingehen wird, von denen wir noch unseren Enkelkindern erzählen werden. Heute Abend werden wir mit dem Helikopter über den Strip fliegen. Gegen 20:00 Uhr sollen wir vor dem Hotel abgeholt werden. Da heißt es den Tag sinnvoll überbrücken, denn Las Vegas strahlt am helllichten Tag nicht annähernd die Faszination aus wie am Abend, wenn alles flackert und blinkt. Premium Outlet ist das Zauberwort. Nach einem individuell zusammengestellten Frühstück im Food Court des Luxor, hier ein Pancake, da ein Bagel, und den Kaffee von Starbucks, fahren wir zur Luxusmall im Norden der Stadt. Da sich das Aufteilen beim Extremshopping bewährt hat, wenden wir diese Strategie wieder an. Aus zwei Stunden werden wieder drei und dann warte ich mit Bine zusätzlich eine halbe Stunde vor der Pizzeria, da Katrin bei Levi`s nochmal die Hosen runter lassen musste. Kaufrausch!

Es ist inzwischen 16:00 Uhr als wir in das Hotel zurückkehren. Perfektes Timing für ein paar erholsame Stunden am Pool des Luxor. Wir liegen auf dem künstlichen Rasen und betrachten das muntere Treiben im und um den Pool herum. In Las Vegas tummelt sich die ganze Welt. Neben uns liegen drei vollbärtige junge Männer aus Norwegen die sich freuen mit zwei netten Österreicherinnen Kontakt zu knüpfen. Während man im Pool den Körper etwas runter kühlt, bekommen wir dann eine Lektion in Sachen Gleichberechtigung. Zwei Jungs, wir mutmaßen Brüder, im geschätzten Alter zwischen 17 und 18 Jahren werfen sich einen kleinen Ball im Pool zu. Öfters erreicht der Ball den älteren der Beiden nicht. Während ich oder Thommi den Ball dann zum Empfänger werfen, lauert eine zarte Blondine ebenfalls auf einen Fehlwurf. Und dann passiert es endlich: Der Ball landet in ihrer Nähe und sofort ergreift sie die Initiative. Sie wirft den Ball nicht zurück, sie bringt ihn zu dem älteren und verstrickt ihn sofort in ein Gespräch. Wir beobachten das Geschehen bestimmt 20 Minuten. Die Teenagerin lässt sich nicht abschütteln. Zwischen den seltener gewordenen Ballwürfen überschüttet sie den sichtlich überforderten Jungen mit ihrem regen Interesse. Thommi gibt ein Bier aus und da er ein ganz netter ist, bekommt er ein Icebucket dazu. Perfekt! Wir trinken Budweiser aus eisgekühlten Aluflaschen und beobachten die Heli`s am Himmel, wie sie ihre Rundflüge machen. Wir sind alle bemerkenswert ruhig, aber doch positiv aufgeregt. Wir haben beschlossen erst später zu essen, Shrimps von Bubba Gump stehen heute auf der Speisekarte. Also los, kurz frisch gemacht und dann los. Pässe und Voucher habe ich dabei. Check. Für die letzte halbe Stunde machen wir noch einen kleinen Spaziergang im „Mandela Bay". Dann stehen wir überpünktlich vor unserem Hoteleingang. Um 20:30 erscheint unser Fahrer und lädt uns und ein weiteres Pärchen aus dem Hotel in seinen Bus. Ein dezentes Ambilight im Kleinbus sorgt neben der Musik für Stimmung. Wir erreichen nach 10 Minuten die Base, melden uns ordnungsgemäß an und werden gewogen. Ab 130 kg muss man für zwei Personen bezahlen, kein Kompliment diese Aktion. Dann gibt es amerikanischen Champagner aus dem Plastikbecher, mit dem wir uns in die Ledercouches sinken lassen. Gerade überlege ich nach einem weiteren Champagner zu fragen, da wird unser Name gerufen. Ian, so heißt unser Pilot, begrüßt alle mit Handschlag und erklärt kurz die Regeln: Geradezu steht unser Heli, direkt darauf zu gehen, reinsetzen und Hosenträgergurt anlegen. Dann die Kopfhörer auf und das Mikro vom Mund weg. Fotos machen wir nach der Landung. Ok, alles verstanden. Wir sitzen gemeinsam zu viert in der zweiten Reihe, während das Pärchen aus dem Hotel neben dem Piloten sitzen darf. Kein Neid, denn man sieht von überall sehr gut. „Noch der gegenüber, dann sind wir an der Reihe" schnarrt es in meinem Kopfhörer.

Antworten brauche ich wohl nicht, Ian scheint alles im Griff zu haben. Ein paar Sekunden später schweben wir 50 cm über dem Boden über einen asphaltierten Runway hinweg. Eine 180 Grad Drehung, ein weiterer Heli schwebt an uns vorbei, dann heben wir ab.

Seicht, ganz seicht schweben wir in den Himmel. Die Ausdehnung der Stadt, weg vom Strip ist gigantisch. Ein Lichtermeer ergießt sich in alle Richtungen bis die Berge ihnen Einhalt gebieten. Zur Linken unter uns der Strip. Bunte Neonwerbung und illuminierte Motive wie der Eifelturm des Paris oder die Kampanile des Venetian liegen unter uns. So schweben wir bis zum Stratosphaere Tower, auf den wir erst zufliegen und dann in einem großen Bogen umkreisen. Kaum fliegen wir in die andere Richtung, wird es Bine ein wenig mulmig. Jetzt kommt der heute etwas böige Wind von vorn und man hat den Eindruck, wir stottern ein wenig. Aber das alles ist nichts gegen das majestätische Gefühl über dieser Stadt zu schweben und das bunte Treiben zu beobachten. 12 Minuten später sind wir wieder am Boden. Geflasht, mit Pippi in den Augen bedanke ich mich sofort per Whats app bei meinen Kindern für dieses wundervolle Geburtstagsgeschenk. Wir alle werden dieses Erlebnis nicht vergessen.

Der Bus bringt uns zurück zum Hotel und mit strammen, aber beschwingten Schritten gehen wir zu „Bubba Gump". Den Bauch voller golden frittierter Scampi lustwandeln wir erst den Strip ein wenig herunter, bis wir in eine Seitenstraße einbiegen um das neue Riesenrad zu bestaunen. Ich schlage die Monorail für den Heimweg vor, die uns bis zum MGM bringt. 5 Euro pro Person zahlen wir für das kurze Vergnügen. Gute 20 Minuten benötigen wir dann noch einmal um quer durch das MGM zur Straße zu gelangen. Es ist 2:00 Uhr als wir unser Hotel erreichen.

Donnerstag, der 9.7.2015

Thommi`s Sohn Nico und mein Sohn haben einen erlesenen Geschmack. Der eine wünscht sich ein Jersey vom besten Footballspieler, der andere eins vom aktuell besten Basketballer. Während ich immer „sold out everywhere" höre, ist mir noch eine Idee für den Footballer gekommen. Die Sport Authority, ein großes gut sortiertes Sportgeschäft, welches ich aus Florida kenne. Auch in Vegas konnte ich eine Filiale googlen, und da fahren wir nachher hin. Vorher wird gefrühstückt.

Um Abwechslung auf den Teller zu bringen, möchte es Thommi heute im Mandela Bay versuchen. Gestern hatten wir im Bauch des Luxor gefrühstückt. Wir laufen 25 Minuten zum Food Court des Mandela Bay, der sich im Erdgeschoß des Mandela Bay Wohntowers Delano befindet. Leider müssen wir festzustellen, dass unser Geschmack hier überhaupt nicht getroffen wird. Also latschen wir 25 Minuten wieder zurück und essen im Luxor. Haben wir uns jetzt auch redlich verdient. Meine Äußerung: „ Da wir den Weg jetzt kenne, schaffen wir es vielleicht in 20 Minuten zurück" wird von Thommi als kleine Kritik ausgelegt und er wirkt ein wenig unzufrieden mit sich.

Der Sportladen konnte uns leider auch nicht direkt weiter helfen, weckt aber Hoffnung. Man schickt uns in eine andere Mall, aber auch dort Fehlanzeige was Nicos Wunsch angeht. Dafür habe ich Glück und man nennt mir eine Filiale am Strip, die noch ein XL Teilchen für Olli haben soll. Das ist dann eine Aufgabe für den Abend. Wir statten dem Stratosphere Tower noch einen Besuch ab und danach geht es zum Fotoshooting zum legendären „Fabelous Vegas" Schild. Das steht am südlichen Beginn des Strip und ist eines der meist fotografierten Motive in den USA. Mit dem Wetter haben wir in Vegas richtig Glück. Sonnenschein und trockene Hitze. Da haben wir uns eine nachmittägliche Auszeit am Pool redlich verdient.

Ich will es Thommi mit dem Icebucket nachmachen, aber Fehlanzeige. Die stutenbissige Bedienung besteht heute auf den Kauf von 5 Flaschen um eine Eistonne zu bekommen. Dann eben nicht. Da hatte Thommi bei dem netten jungen Barkeeper gestern mehr Glück oder er war einfach charmanter. Sei`s drum, dass eiskalte Budweiser schmeckt auch ohne Tonne. Man muss es eben nur schneller austrinken. Die Aluflaschen wirken zwar ein wenig wie eine Thermosflasche, aber bei diesen Temperaturen wird es doch ziemlich schnell warm. Bine drängt gegen 17:30 zum Aufbruch, da sie vor dem Buffet am

Abend noch ein paar Spielchen machen will. Ganze 3 Dollar werden versenkt, dann hat der Spaß auch schon ein Ende. Irgendwie sind wir nicht die Glückspieler, lieber nur Zuschauer. Wenn man nur dieses Würfelspiel verstehen würde. An den Tischen ist richtig was los, während am Roulette die Einsätze bei knausrigen 1 $ bis 5 $ liegen. Trotzdem wird jeder Sieg gefeiert als würde der Wohlstand niemals enden. Wir riskieren lieber einen Eiweißschock und schlagen uns die Bäuche im Buffetrestaurant mit Krabben voll. Heute Abend werden wir den Strip von hinten aufrollen, damit wir auch das Whynn`s, Paris und Venetian von innen sehen. Während ich noch über die Benutzung der Monorail sinniere, bringt Bine ein Taxi ins Spiel. Da das Taxi zum Whynn sogar weniger kostet als die Bahn, sitzen wir wenige Minuten später im Taxi.

Der freundliche Taxifahrer hat einen zwei Tage alten Dodge übernommen und freut sich uns zu zeigen was in ihm und der Karre steckt. Er wählt den Umweg über den parallelen Highway und donnert mit 95 Meilen auf die Ausfahrt zu. Immerhin hält er den vereinbarten Preis ein und wir sind blitzschnell da. Ich kann kein Haus am Strip als das Schönste küren. Jedes Haus hat etwas Besonderes. Sei es das Whynn mit seiner eleganten Ausstrahlung und den eleganten Menschen, die sich in ihm bewegen. Oder das Paris. Man steht in der Eingangshalle und befindet sich direkt unter dem Eifelturm. Das Mirage mit seinen weißen Tigern von Siegfried & Roy oder das Bellagio mit seiner schon beschriebenen Fontänen Choreographie. Wenn ich mich für das Originellste Haus am Strip entscheiden soll, dann ist es das Venetian. Bereits draußen fahren die Gondoliere mit den Touristen auf Kanälen. Man betritt das Haus und die Decken sind bemalt wie die Sixtinische Kapelle. Alles Super, aber der absolute Wahnsinn befindet sich im ersten Stock des Hauses. Neben dem Nachbau von Gassen und des Markusplatzes, wird halbstündlich eine Abendstimmung simuliert. Und dann fahren im ersten Stock tatsächlich inbrünstig singende Gondoliere mit ihren Booten durch die venezianischen Grachten. Die vollkommene Illusion. Es ist schon wieder nach zwölf als Thommi im Hard Rock Café verschwindet. Ich besorge nebenan ein paar Bier und wir süffeln diese, entgegen allen Regeln und nach dem T-Shirt Kauf, noch auf der Straße weg.

Die Bilder auf den nächsten Seiten:

Cafe Coyote in San Diego, Gaslamp Quarter, Petco Parc, Coronado,

Hoover Damm, Fabelous Vegas, Luxor von Innen, Hubschrauber,

Hotel Venetian, Hotel New York

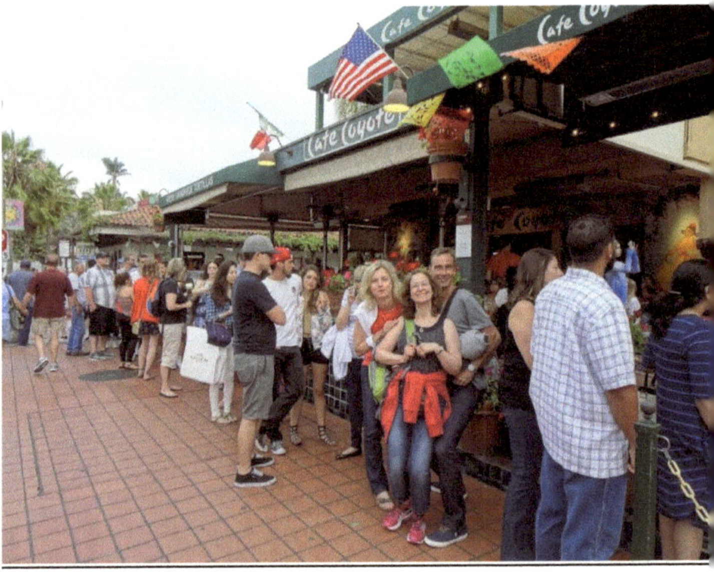
Cafe Coyote

Gaslamp Quarter
HISTORIC HEART OF SAN DIEGO

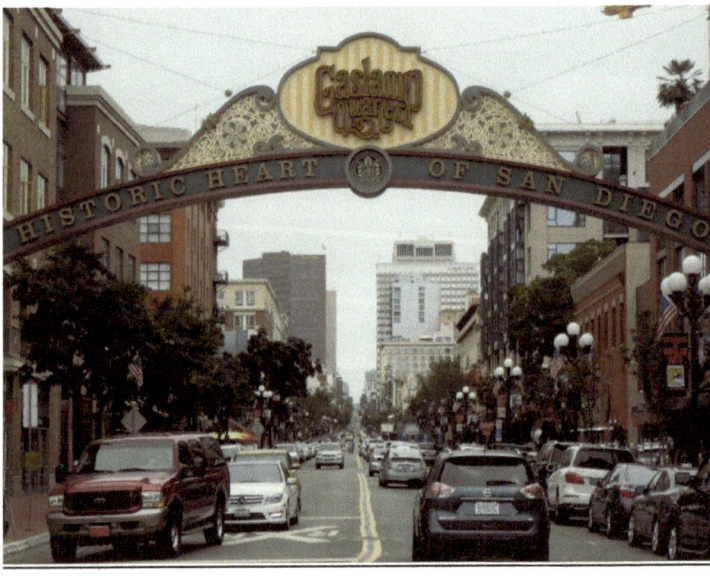

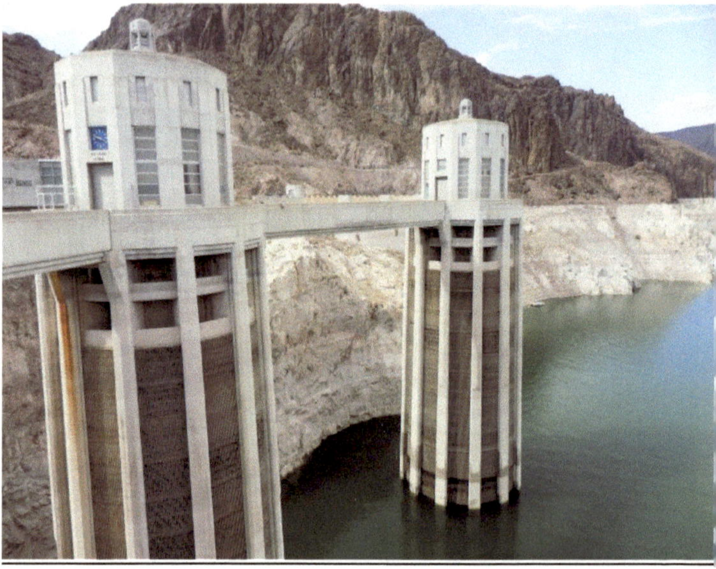

WELCOME
TO Fabulous
LAS VEGAS
NEVADA

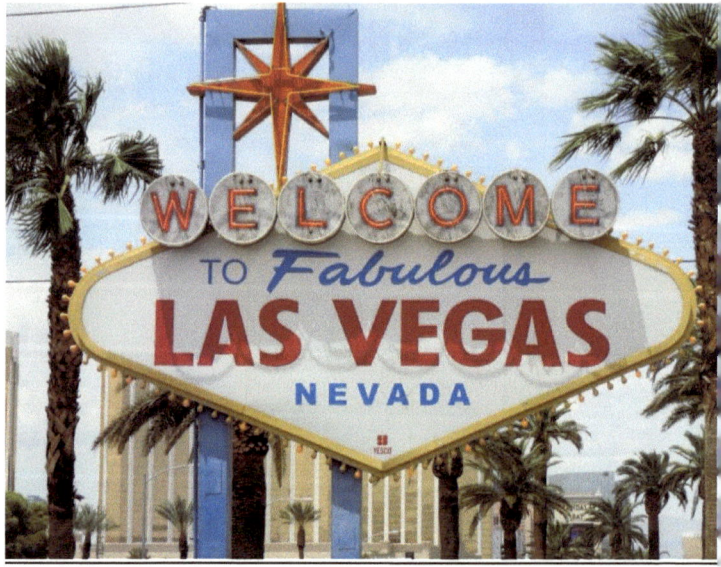

Freitag, der 10.7.2015

Tatsächlich stehen wir vier um 7 Uhr mit gepackten Koffern vor den Türen unserer Zimmer. Wir haben heute eine ziemliche lange Tour vor uns und fahren ohne Frühstück los. Um Zeit zu sparen stecken wir unsere Hotelkarten unter Angabe unserer Emailadresse in die Briefkästen des „fast check out" direkt am Lift. Der Himmel ist azurblau und kein Wölkchen ist am Himmel zu sehen. Good bye Las Vegas.

Eine Fahrt der Extreme erwartet uns heute und wir fühlen uns wir die Abenteurer. Es geht quer durch die Wüste in den Nationalpark „Death Valley". Auf die Ehrlichkeit der Mitmenschen vertrauend, steht mitten im Gelände ein kleines Kassenhäuschen. 20 $ muss man für die Nationalparks bezahlen. Thommi hat mir diese Attraktion geschenkt und zugleich auch sich, denn man bezahlt nur für einen PKW inklusive Insassen. Nach dem Passieren des Counters ändert sich an der Landschaft erst einmal nichts. Rechts und links der asphaltierten Straße geschwungene Hügel in verschiedenen Gelb und Ockertönen. Unser erster Anlaufpunkt ist der „Zabriski Point". Urplötzlich gibt es in der unendlichen Weite einen Parkplatz. Von diesem schlängelt sich ein kleines Alphaltband den Hügel zur Linken hinauf. Ab und zu ein kleines Steinbänkchen zum zwischenzeitlichen ausruhen, es herrschen schon am frühen Morgen 38° Grad, und oben eine Plattform mit Beschilderung. Die kleinen Hügel und Berge um uns herum sehen irreal aus. Eine bizarre Erosionslandschaft. Die verschiedensten Sedimente stapeln sich und alles in den eben erwähnten gelben Tönen. In den oberen Regionen kleine Brösel, wie man sie von der Bourbon Vanille kennt. Dieses Surreale Bild verdanken wir dem Austrocknen des „Furnace Creek Lake" vor 5 Millionen Jahren. Wir schießen ausreichend Fotos und steigen anschließend wieder in den kühlen Chevy und fahren weiter.

Führte uns der Weg Richtung Death Valley noch schnurgeradeaus, so windet sich die Straße hier um Hügel und kleinere Berge. An einer Oase biegen wir links ab, Richtung „Badwater Basin". Dies ist ein ausgetrockneter Salzsee der 85 m unter normal Null liegt, also unter dem Meeresspiegel. Damit befinden wir uns jetzt an einem der tiefsten Punkte unserer Erde. Logisch das dieser Ort für eine Fotosession herhalten muss und wir probieren auch alle noch das kristallisierte Salz. Auf dem Weg hierher sind wir an einem Wegweiser vorbeigefahren, der eine natürliche Brücke versprochen hat. Da wir auf alle Fälle zur Oase zurück müssen, wollen wir uns dieses

Bauwerk auch ansehen. Bine sitzt heute am Steuer, als hätte sie es geahnt. Endlich geht es mal über Stock und Stein. Eine Schotterstrecke bringt uns wiederum zu einem kleinen Parkplatz. Wir orientieren uns an einem kleinen Hinweisschild. Es sind ca. 30 Minuten Fußmarsch, wir sollen auf die Schlangen achten und ausreichend zu trinken mitnehmen. Unser Wasser lassen wir im Wagen, der Zeitaufwand scheint uns gerechtfertigt und wenn so eine Klapperschlange mal rasseln würde – interessant stelle ich mir das schon vor. Die natürliche Brücke ist ein eine Steinformation in einem ausgetrockneten Canyon. Im Unterschied zu den vorherrschenden Ockerfarben in dieser Region ist hier wieder alles in zigfachen Rottönen vorzufinden. Wer die asketische Form der Natur liebt ist im Death Valley auf jeden Fall am richtigen Ort. Bine verzichtet auf die Herrschaft am Steuer und ich setze mich wieder an das Steuer.

Das nächste Naturschauspiel ist das riesige Meer aus Sanddünen, welches sich unserer Rechten erstreckt. Schilder mit den Warnhinweis „Floodworkers" zeugen von einem Wolkenbruch der vor kurzem hier niedergegangen sein muss. Die trockene Erde kann diese Wassermassen natürlich nicht aufnehmen und so überschwemmen erodierende Dünen die einzige Straße. An einer breiteren Stelle entdecken wir einen Coyoten. Mit seinem zotteligen Fell sieht er aus wie ein Windhund in der Mauser. Vorsicht und Neugier halten sich die Waage, als ein Pärchen ihm aus dem Auto etwas zu essen auf den Weg legt. Kurze Zeit später deutet ein Kassenautomat auf der anderen Straßenseite auf das Verlassen des Death Valley Nationalparks hin. Wie von Zauberhand gelenkt nimmt auch sofort die Vegetation zu und wir erfreuen uns nach acht Stunden eines ersten Grüns, die kleine Oase mal vernachlässigt. Am Horizont bauen sich die ersten Berge auf und wir freuen uns auf heutiges Ziel.

Wir durchqueren einige kleine Orte und ich kann mir nicht vorstellen, dass man hier oft Touristen sieht. Bisher hatten wir nur Kekse, Frühstück fiel ja bekanntlich aus, und wir sind froh als wir gegen 16:00 Uhr einen Jack in the Box finden. Nicht, dass wir nicht auch woanders gegessen hätten, es gab halt nichts anderes. Als der Mono Lake neben uns zu sehen ist, dringen wir tiefer in die Berge ein. Ein paar mehr Serpentinen später erreichen wir den Ort Mamouth und nochmals 15 Minuten später und ein paar weiteren Kurven mehr erreichen wir Mamouth Mountain, unser Quartier für diese Nacht. Meereshöhe 2.241 m. Das ist ja nach Fakten etwas für das Guinness Buch der Rekorde. An einem Tag erleben wir auf Höhe von 85,5 m unter Null eine

Hitze von 40° Grad im Schatten und am Abend sind wir auf 2.200 m und frieren bei 3° Grad. Das Hotel ist jedenfalls vorbereitet. Anstatt der üblichen Klimaanlage gibt es hier eine Heizung und im Bad sorgt ein Heizstrahler für wohlige Wärme.

Zum Essen geht es wieder nach Mamouth hinunter. Hier tragen die Gäste Jacken und Mützen. Wir nicht. Aber eine tolle Kneipe habe wir gefunden und schlagen uns nach dieser 11 stündigen Tour so richtig den Bauch voll. Im Hotel setzen wir uns noch an die Bar und nehmen einen Absacker. Selbst hier oben sind Microbreweries inzwischen absolut en vogue. Wir genehmigen uns ein Pale „and close it up".

Samstag, der 11.7.2015

Es fällt uns leicht früh aufzustehen. Bisher haben uns diese Tage, auch wenn sie mit langen Autofahrten verbunden waren, immer viel Spaß bereitet. Und so stehen wir um 8:00 gestiefelt und gespornt am Auto. Thommi schmeißt die Koffer ins Auto während ich uns auschecke. In Mammouth haben wir gestern Abend auch einen kleinen Frühstücksladen entdeckt, damit wir heute nicht mit leeren Magen die kurvenreiche Strecke angehen. Der Wettergott meint es sehr gut mit uns. Ein wolkenloser Himmel erstrahlt über uns.

Es geht in den Yosemite Nationalpark. Und von unserer Seite kommt man nur über den Tioga Pass in den Nationalpark. Besser gesagt der Eingang befindet sich direkt auf der Passhöhe bei 3.301m. Neben der Straße liegen tatsächlich noch Schneehaufen. Kaum vorstellbar nach unserem gestrigen Tag, aber der Tioga Pass wird erst Ende Mai geöffnet. Das Eintrittsgeld habe ich auch zum Geburtstag bekommen und nun plötzlich dämmert es auch Thommi, das er sich mit der Death Valley selbst beschenkt hat.

Der Yosemite Nationalpark steht einfach nur für Natur. Davon gibt es hier genug. Ich sage Bine sie solle sich alles gut merken, ich würde sie heute Abend abfragen. Wälder, graue Felsen und kleine romantische Bergseen wechseln sich ab. Wenn sich die Landschaften in den ruhigen Seen spiegeln, erinnert es an Postkartenmotive. Zu Hause würde ich sagen kitschig, hier ist es phänomenal. Alle paar Kilometer gibt es einen kleinen Parkplatz. Die meisten sind schon gut besucht und die Fahrzeuginsassen wahrscheinlich schon ein paar Stunden zu Fuß unterwegs. Vielleicht haben einige den Sonnenaufgang bewundert.

Gegen 11:00 erreichen wir das Yosemite Valley. Hier sammelt sich die Besuchermeute des Nationalparks. Von hier geht es zu Fuß oder mit dem Fahrrad zum Wasserfall. Es ist nur der untere, der sogenannte Lower Fall, der von hier zu sehen ist. Das bedeutet, wir sehen von den gesamten 740 m lediglich 98m. Sieht aber riesig aus und ergießt sich in zwei Auffangbecken am Fuße der Berge. Dann rinnt er über zahlreiche große und kleine Steine weiter ins Tal, wo er gurgelnd in den Merced River mündet. Natürlich möchte jeder dem Wasserfall etwas näher kommen, im Idealfall sogar in einem der Auffangbecken schwimmen. So machen sich Hunderte, ja es herrscht ein wuseliges Treiben am Fuße des Wasserfalls, auf den Weg über die rutschigen Felsen. Auch wir schicken ein Dreigestirn ins Rennen. Katrin hütet die Sachen und bleibt lieber auf dem Trockenen. Ich eile hinfort und stürze mich nicht auf, sondern zwischen die Felsen. Übermut tut selten gut aber öfters bluten. „Nix Passiert", „nix passiert", schreie ich den panischen Augen meiner Frau entgegen und erklimme im flotten Tempo die nächsten Felsen. Unbemerkt spüle ich mir an einer seichten Stelle die Wunden aus. Mein nächstes Attentat gilt dann Bine. Als Thommi ein Foto von uns machen will, rutsche ich ihr ein wenig auf die Pelle. Leider ist der Fotofelsen nicht so groß und Bine droht hinterrücks vom Felsen zu fallen. Sie klammert sich am Felsen, ich eine Hand an ihrem Bein, eine Hand am anderen Felsen. Thommi kommt auch noch zu Hilfe und reicht mir seine Hand. Damit hat sich das mit dem Foto erledigt. Egal, wir haben eh genug Material im Kasten. Zuhause nerven wir die Interessierten und Uninteressierten sicherlich wieder mit tausenden von Bildern. Abstieg!

Katrin hat von unseren Abenteuern nichts mitbekommen, so können wir auf dem Rückweg alles illustriert erzählen. Am Wegesrand stehen ein paar stattliche Bäume, die ein wenig den Sequoias ähneln. Diese gigantischen Bäume haben wir leider knapp verpasst, da diese Passage im Yosemite Nationalpark am 6.7.2015 für zwei Jahre geschlossen wurde. Renaturierung! Alle noch mal aufs Klo, ist ja nicht wie in den Filmen, wo nie einer muss, und dann treten wir den Rückzug an. Wir wählen die Route entlang des Merced River. Obwohl die Berge auf dieser Seite des NP nicht so hoch erscheinen, mühen wir uns zwei Stunden über Serpentinen. Von weiten sehen wir plötzlich dicke schwarze Rauchwolken aufsteigen. Von der nächsten Tankstelle beobachten ein paar Schaulustige das quellende Wolkengebilde anmutig. Zu unserer Linken entdecken wir jetzt beim vorbei fahren ein Fabrikgebäude aus dem der dicke Qualm kommt. 10 Minuten später kommen uns auch die ersten Feuerwehren entgegen. Während wir über sie Chancen spekulieren, dass dieser Brand noch gelöscht werden könnte, erreichen wir das erste Hinweisschild auf Sonora, unserem heutigen Herbergsort.

Das Best Western Hotel in Sonora Oaks liegt etwas außerhalb des Ortskerns. Es ist ein ziemlich großer Komplex und ein Restaurant steht auch noch direkt daneben. Ich erkundige mich ob es sich lohnt in die Stadt zu fahren und ob man dort essen könne. „Absolutely, Sonora has an awesome Old Town, you must see" vernehme ich eine erstaunlich helle Stimme aus dem massigen Körper der über und über tätowierten Hotelangestellten. Old Town Sonora ist ein kleiner Ort mit einer Straße voller alter

Trödelläden und ein paar dunklen Restaurants. Heute ist Kultursamstag und jeder Trödelladen macht Live Musik. Schade für die Musiker, dass wir nicht so an ihrem Geschrammel interessiert sind. Auch die anderen, geschätzte 5 Besucher in der Stadt, scheinen einen anderen Musikgeschmack zu haben. Bine erinnert sich an ein Schild am Restaurant neben dem Hotel, welches auf „Pizza all you can eat" hinwies. Also beschließen wir den Rückzug zum Hotel. Das mit der Pizza galt leider nur zum Lunch, aber wir stehen vor dem besten Restaurant der letzten drei Jahre im gesamten County, so verheißen die Schilder längs des Restaurants. Innen trifft mich die Erinnerung an 1976. Damals war ich das erste Mal in der Nähe von New York und die Restaurants sahen innen genauso aus. Time Tunnel schießt es mir in den Kopf. Auch die Bedienung wurde übernommen. Ich schätze sie war damals gerade 18 Jahre alt. Rechnet selbst aus wie alt sie heute ist. Sie bringt uns freundlich an einen Tisch und fragt, ob wir im Hotel wohnen. Als wir bejahen, klärt sie uns über die Freigetränke auf, die zur Übernachtung gehören. Die Mädels wählen einen Weißwein, wir nehmen ein Bier. Muss ja heute keiner mehr fahren. Die Speisekarte hat eine weitere Überraschung für uns. Für lächerliche 11 $

sollen wir Salat vom Buffet, eine der angebotenen Hauptspeisen und einen Nachtisch bekommen.

Bine`s Pizza hat einen Durchmesser von maximal 15 cm, Katrin`s ungenießbares Hähnchenschnitzel scheint Formfleisch zu sein und unsere Rippchen bestehen aus zwei Rippen. Das Fleisch befindet sich bekanntlich zwischen diesen beiden Knochen. Wir können nur schmunzeln da wir ein Wunder erwartet hatten. Da der Nachtisch auch mit der Forderung der Rechnung nicht den Tisch erreicht, fordern wir diesen ein und beschließen den Abend gemeinsam auf dem Balkon.

<u>Sonntag, der 12.7.2015</u>

Gefrühstückt wird im prämierten 70`er Jahre Restaurant. Überraschenderweise bot man uns das Frühstück an, obwohl die Buchung keine Verpflegung vorsah. Wir haben keine Auswahl und lassen uns das vorgesetzte Toast mit Marmelade, einen Orangensaft sowie Kaffee und Tee schmecken.

Ein weiteres Highlight dieser Reise steht heute auf dem Programm. Wir fahren zum Lake Tahoe, einen der schönsten Seen auf der Welt. Er ist 496 qkm groß, liegt in atemberaubenden 1.899m Höhe und ist sehr kalt. Das liegt zum einem an der Höhe und der unglaublichen Tiefe des Sees. Bis zu 501 m tief ist das Grenzgewässer. Mitten hindurch verläuft die Staatsgrenze von Nevada und Kalifornien. Diese Grenze wird am südlichen Zipfel des Sees besonders deutlich. Mitten in South Lake Tahoe gibt es einen totalen Bruch in der Bebauung. Auf der Seite von Nevada stehen Hotels, die hoch in den Himmel ragen, um so viele Menschen wie möglich aufzunehmen, die dann abends ihr Glück in den Casinos versuchen. Glücksspiel ist in Nevada erlaubt und auch gewünscht. Es gibt natürlich auch ein Hard Rock Café, aber Thommi schaut wirklich nur kurz rein und beschließt hier eine Ausnahme zu machen und kein Shirt zu kaufen. Meine Bemerkung „Natürlich gibt es ein Hard Rock Café" beruht auf der Tatsache, dass dem Indianerstamm der Seminolen sowohl die meisten Casinos außerhalb Las Vegas gehören, als auch die Hard Rock Kette. Die Shops, Restaurants und die neue Hotelkette. Auf der Californischen Seite des Ortes geht es dagegen sehr beschaulich zu. Die Hotels sind maximal zwei Stockwerke hoch und sind im alpinen Stil angelegt. Mitten im Ort befindet sich zudem eine Seilbahn, mit der man das Skigebiet „Heavenly" in den Bergen erreicht. Kontroverser kann es in einem Ort nicht zugehen. Jetzt im Sommer kann aber auch hier nicht mehr Ski gefahren werden. Vielmehr hat man oben Abenteuerparadiese für Groß und Klein geschaffen. Leider müssen wir auf eine Fahrt auf den Gipfel verzichten. Wir haben für die Tour hierher bereits drei Stunden gebraucht. Das lag nicht am Verkehr, sondern wieder einmal an der einzigartigen Landschaft durch die wir gekommen sind. Erstaunlicherweise sieht man sehr viele Wandergruppen in den Wäldern verschwinden. Ich habe großen Respekt davor, denn an allen Parkplätzen stehen Warnhinweise zum Thema Braunbär und Grizzly. Lieber selber essen als gefressen werden lautet unsere Devise.

Nach einem kleinen Rundgang durch das liebliche South Lake Tahoe fahren wir zu „Izzy". Das ist eine kleine unscheinbare Grillbude am Wegesrand der westlichen Seeumfahrung. Blau angestrichen möchte dieser Imbiss auf sich aufmerksam machen. Vielmehr ist es aber die blaue Rauchsäule die über dem Holzkohlengrill aufsteigt und so manchen Autofahrer neugierig macht. Innen brutzeln zwei Mitarbeiter schwitzend die besten Burger die ich in Amerika gegessen habe. Bereits vor 9 Jahren habe ich dieses Kleinod kennenlernen dürfen und es hat sich nicht verändert. Kein Fastfood Laden hat mich bisher gefragt, wie mein Burger gebraten werden soll. Auf den gewünschten Punkt wird dann der Viertelpfünder mit allen gewählten Zutaten an die einfachen Holzbänke im angrenzenden Patio geliefert. Delicious! Wir sind kurz davor uns einen weiteren zu bestellen, mäßigen uns aber, da für abends Steak auf dem Speiseplan steht. Es treibt uns weiter zur Emerald Bay, der Smaragd Bucht.

Die Straße um den Lake Tahoe windet sich hier im Süden etwas, da die hohen Berge bis nah an das Ufer reichen. Ein Parkplatz kündigt dann einen besonderen Aussichtspunkt an. Es ist dies eines der meist fotografierten Motive. Von oben schaut man auf eine große Bucht im Lake Tahoe herunter. Die Einfahrt in die Bucht gleicht einem Nadelöhr. Mitten in der Bucht gibt es dann eine kleine Felseninsel, Fannette Island. Fannette Island war das letzte Zuhause des Kapitän Dick Barter. Der exzentrische Schiffskapitän stammte aus England und baute sich auf der kleinen Insel sein eigenes Grab und eine Kapelle. Es fällt so unglaublich schwer diesen Anblick in Worte zu fassen und zu beschreiben. Wir haben einen wolkenlosen blauen Himmel, der sein Pendant im Lake Tahoe findet. Zwischen diese Spiegelseiten befinden sich die grauen, felsigen Ufer des Sees. Nadelbäume krallen sich mit ihren Wurzeln in die steilen Hänge. Ein satter grüner Mantel umgibt die oberen Dreiviertel der Bäume. Segel-und Motorboote haben sich durch das Nadelöhr gedrängt und umschwärmen den Felsen wie Motten das Licht. Wir setzen unsere Fahrt auf den Serpentinen fort. Immer wieder wird in den Kurven der phantastische Blick auf den blauen See frei. Das Wetter belohnt uns heute mit einem Weitblick bis an das Ostufer in Nevada. Dort sind die Berge am Ufer nicht so hoch wie auf unserer Seite, eher schleichend erheben sich die Hügel dort.

Wir erreichen Lake Tahoe City, unser heutiges Nachtquartier. Das Hotel Pepper Tree befindet sich, nur durch die Uferstraße getrennt, direkt gegenüber einer Marina. Wir beziehen schnell die Zimmer und machen uns zu Fuß auf um die Marina zu erkunden. In Richtung des Steakhauses, welches wir bereits vor ein paar Tagen gegoogelt haben, werden wir noch Zeuge eines Konzerts. Eine kleine brasilianische Band spielt an der Festwiese am See. Wir lauschen einen Moment den karibischen Klängen bevor wir den Grill aufsuchen. Ein gut besuchtes Haus wie wir feststellen müssen. Die Platzanweiserin, letztes Jahr in Deutschland gewesen und natürlich total begeistert von Berlin, findet für uns aber noch ein Plätzchen auf der gemütlichen Terrasse. Direkt neben Durango Bones, einem Sänger, der uns unterhalten darf. Er begleitet sich selbst auf seiner Gitarre und diese Untermalung ist sehr angenehm. Der Abend ist überhaupt toll, besonders für mich. Ich bekomme mein Steak von

Thommi und Katrin spendiert. Den Beiden ist aufgefallen, dass die Nationalparks, deren Eintritt ich zum Geburtstag gesponsert bekam, auch ein Geschenk für sie waren. Das möchten sie jetzt honorieren. Sehr gern. Das Restaurant ist eine hervorragende Wahl und Katrin und Bine teilen sich sogar noch einen Nachtisch. Das ist umso erstaunlicher, da die Portionen wahrlich nicht klein waren. Echte Teller zum satt werden.

Unser Hotel besteht aus zwei Teilen. Einen zweistöckigen länglichen Wohntrakt in dem wir untergebracht sind und einen schmalen Anbau, der dafür 6 Stockwerke hoch ist. In diesem werden die Zimmer momentan leider renoviert. Wir machen das zu unserem Vorteil. Wir nehmen uns vier Stühle aus dem dritten Stock und steigen damit die Außentreppe nach oben. Im 5. Stock setzen wir uns in einer Reihe hin. Jetzt schauen wir direkt auf die Marina und den See während wir unser vorher gekühltes Budweiser genießen. Was für ein traumhafter Ausklang dieses Tages.

Montag, der 13.7.2015

Heute schließt sich der Kreis. Wir beenden unsere erlebnisreiche Rundreise wieder in San Francisco, wo wir am Abend ein Hotel am Flughafen beziehen werden. Wir beginnen den Tag aber mit einem schönen Frühstück. Auch im „Pepper Tree" überrascht man uns mit einem nicht gebuchten Frühstück. Und was für einem. Es gibt sogar Frühstückburritos, die man sich in der Mikrowelle aufwärmen kann. Ich probiere eines von den Chemieteilen und freue mich danach über Bagel mit Marmelade umso mehr. Da Arifee, so taufe ich die Küchenfee spontan, sofort alles nachstellt und sehr um die Sauberkeit am Buffet und den Tischen besorgt ist, hat sie sich ein dickes Trinkgeld verdient.

Wehmütig verlassen wir Tahoe City und machen noch einen Abstecher nach Squaw Valley. Hier fanden die Olympischen Spiele 1960 statt. Es ist erstaunlich, wie wenig man vor 55 Jahren noch brauchte um die Spiele der Jugend auszurichten. Fotoshooting mit den olympischen Ringen und kurzes Bedauern dass die riesige Gondel noch nicht in Betrieb ist. Nachdem wir das olympische Tal verlassen haben, treffen wir schnell auf den Highway der uns nach San Francisco bringt.

Sacramento, die Hauptstadt Californiens, ist uns noch einen Zwischenstopp wert. Die Stadt liegt auf dem Weg und somit erscheint es logisch hier zu halten.

Erst nach Old Town und danach nach Downtown, so der Plan. Beide Stadtteile liegen nebeneinander. Old Town besteht zum einem aus der alten Eisenbahnstation, die jetzt das Eisenbahnmuseum beherbergt. Das begeistert vor allem Thommi, der ja ein bekennender Eisenbahnfan ist. Rasch werden ein paar alte Lokomotiven fotografiert bevor es in die beiden weiteren Straßen geht, die liebevoll restauriert wurden. Das Ganze wirkt allerdings sehr kitschig und gestellt, bis hin zur Pferdekutsche die an der Kreuzung auf Gäste wartet. Ein längerer dunkler Fußgängertunnel, der unter dem achtspurigen Highway verläuft, bringt uns dann direkt nach Downtown. Hier wird gerade eine Mall halb abgerissen, ein Baseballpark ist im Rohbau. Scheinbar ist man auch hier ganz wild auf das bedeutende All Star Game. Mehrere unansehnliche Bankenhochhäuser säumen die Main Street zum Capitol. Das ist der Nachbau des Regierungssitzes in Washington, nur bedeutend kleiner. Ein paar Bilder machen wir trotzdem, als Beweis, wir waren da. In einem düstern, etwas schmuddeligen Laden kaufe ich Bine und mir noch ein Eis. Das war jetzt auch nötig. In Sacramento ist es, bei wiederum strahlend blauen Himmel, 40° Grad warm, im knapp bemessenen Schatten wohlgemerkt. So sehr uns Sacramento enttäuscht hat, so erfreut uns der neuerliche Anblick von San Francisco.

Wir nähern uns der Stadt über die östliche Brücke, der Oakland Bay Bridge. Es staut sich, aber so können wir den Blick länger genießen. Vor uns liegt der Embarcadero und daneben erheben sich die Hügel der Stadt mit dem Coit Tower. Etwas rechts schwimmt die Gefangeneninsel Alcatraz und weiter hinten bescheint die Nachmittagssonne die Golden Gate Bridge. Wir erreichen das „Hotel Focus" am frühen Abend. Zeitig genug um noch mal für eine halbe Stunde in den liebgewonnenen Chevy zu steigen. Ich habe ein Restaurant ausfindig gemacht, welches am westlichen Ende des Golden Gate Parks liegt, direkt am Wasser. Das Beach Chalet. Ok, der Name ist vielleicht etwas hoch gegriffen aber man kann schön auf das Meer gucken und einigen Kite-Surfern zusehen. Das Beach Chalet ist auch eine Brauerei und bietet verschiedene eigene Biere an. Thommi, eigentlich heute als Fahrer eingeteilt, äußert den spontanen Wunsch mit den Mädels mal einen Wein trinken zu wollen. Ich ergebe mich und frage den Server nach einem alkoholfreien Bier. Er bestätigt, dass sie welches führen, erklärt mir aber, den Namen nicht aussprechen zu können. Ich bestelle eines des unaussprechlichen und erwarte ein frisch gezapftes aus der hauseigenen Brauerei. Mir entgleisen ein wenig die Gesichtszüge bevor ich mir ein Lachen nicht verkneifen kann. Anstatt eines frischen Bieres aus dem Hahn bekomme ich eine Flasche des ungeliebten Clausthaler an den Tisch geliefert. Schade, dass er diesbezüglich sprachbehindert war. Das gute Essen runden wir mit einem kleinen Spaziergang im Golden Gate Park ab. Am Strand war es leider so windig, das wir dort nicht lange bleiben konnten. Nach wenigen Minuten hatten wir zwar seidige Haut, aber der Sand knirschte unangenehm zwischen den Zähnen. Als die Sonne auf dem Heimweg langsam der Wasserkante näher kommt, halten wir nochmal an. Der letzte Tag auf dem Festland serviert uns einen Abschluss wie aus dem Bilderbuch. Je mehr sich die Sonne im Meer ertränkt, umso intensiver wird das Farbenspiel. Es endet aber nicht mit dem erwarteten roten Feuerball, vielmehr wechseln sich satte Gelbtöne und warme Orangetöne ab, bis die Dunkelheit uns umschließt.

Die Bilder auf den nächsten Seiten

Zabriski Point, Bad Water Bassin, Mamouth, Yosemite NP, Lake Tahoe und die Aussicht vom Pepper Tree auf den Lake Tahoe

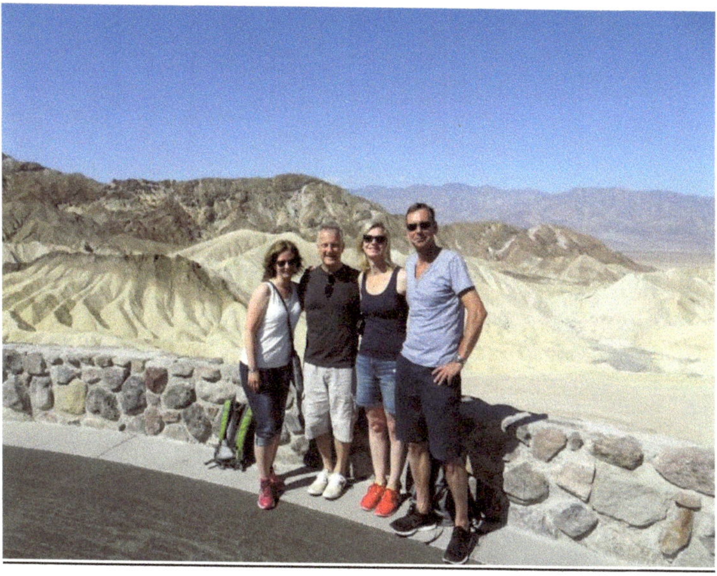

BADWATER BASIN
BELOW SEA LEVEL

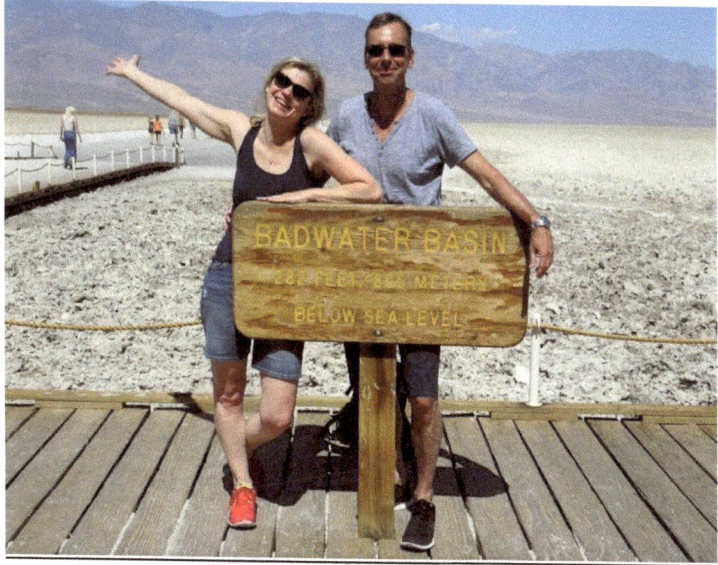

Dienstag, der 14.7.2015

Grauer Himmel und Regen möchte uns den Abschied so leicht wie möglich machen. In dem hoffnungslos überfüllten Frühstücksraum versuchen wir ein wenig Kaffee und etwas Essbares zu uns zu nehmen. Dann steigen wir ein letztes Mal in unseren Boliden und fahren zum Flughafen. Die Abgabe des Chevy verläuft erwartungsgemäß problemlos und wir stiefeln zur Monorail. Ich überlege ernsthaft mich in den nächsten Tagen nur mit Bikini Schönheiten auf Hawaii zu umgeben und versuche Bine ein letztes Mal loszuwerden. Ich habe mich für die Rolltreppe entschieden, während Thommi, Katrin und Bine am Fahrstuhl warten. Bine dackelt einen Moment später hinter mir her, aber einen Moment zu spät eben. Thommi und Katrin steigen bereits in die Bahn, ich stürze hinterher. Dann geht die Tür automatisch zu und Bine verbleibt mit bitterer Miene auf dem Bahnhof. Zwei Stationen genieße ich das Gefühl der Freiheit, sehe mich aber den bösen blicken des jungen Paares ausgesetzt. An der dritten Station steige ich geläutert aus, um auf mein geliebtes Weib zu warten und es wieder in die Arme zu schließen.

Spätestens seit dem letzten Besuch in einer Outlet Mall, diskutieren wir eifrig das Thema Koffer im

Zusammenhang mit der Gewichtsbegrenzung. Da im Gegenzug zur erworbenen Bekleidung aber auch was aussortiert wurde und sich einige Bad Utensilien schon dem Ende nähern, bin ich guten Mutes. Wir fliegen heute nach Hawaii, da rückt alles andere in den Hintergrund und so genau wird es wohl keiner nehmen. Doch ich werde sehr schnell eines Besseren belehrt. United fliegen bedeutet „do it yourself". Die freundlichen Mitarbeiter sind scheinbar lediglich dafür abgestellt, das Gewicht beim „self check in" zu überprüfen. Thommi gerät prompt ins Schwitzen, trotz der angenehm temperierten Abfertigungshalle. Alle beiden Koffer von ihm haben Übergewicht. Der eine drei, der Andere vier Kilo. Wir haben da scheinbar etwas weniger gekauft. Obwohl wir die Schokoladen von Girardelli (stattliche 600 Gramm) im Koffer haben, hat nur einer zwei Kilo zu viel. Mit der anschließenden Nummer hätten wir auch bei „Wetten Dass?" auftreten können. In weniger als gefühlten 5 Minuten und mit nur einem fehlerhaften Versuch, landen wir bei 22,9, 22,8 und 22,5 Kilo. Der Vierte war bereits mit 22.7 im Limit, denn 23 Kilo waren erlaubt. Check! Sichtlich erleichtert und mit den Bordkarten in der Hand, sowie schweren Taschen über dem Arm, begeben wir uns zu unserem Gate. Wir trinken noch einen leckeren „Blended Coffee" und lassen uns ein paar

Sandwiches frisch zubereiten. Immerhin fliegen wir 5 ½ Stunden und wer weiß was an Bord käuflich zu erwerben ist. Abflug!

Der Pilot versichert uns, trotz leichter Verspätung, eine pünktliche Ankunft. Das nächste Mal als seine Stimme durch die Kabine hallt, macht er uns auf Oahu aufmerksam. Die Insel liegt schon unter uns, rechts können sie Pearl Harbour sehen sagt er noch, und kurze Zeit später setzen wir auf. Keine Blumenkränze, keine Yukulele empfängt uns. Wir müssen mit einem an die Wand gepinselten „Aloha" über der Rolltreppe vorlieb nehmen. Da wir auf Hawaii kein Auto benötigen, frage ich die wuselnden Menschenfänger nach den Konditionen für Bustransfer und Taxikosten. Mir erscheinen die Bustransfers viel zu teuer und zudem fragwürdig beim Rücktransport. Wir entscheiden uns für das Taxi und sofort wird uns ein Großraumtaxi herangewinkt. Der asiatische Fahrer macht einen netten Eindruck, spricht aber wenig. Ohne erkennbare Umwege bringt er uns zum Outrigger Waikiki Beach Resort. Wir belohnen ihn mit einem üppigen Trinkgeld und verabreden uns für unsere Abreise um 4:30 vor dem Hotel. Er versucht zwar noch uns auf 5:00 Uhr hoch zu handeln, gibt aber schnell auf. Das Trinkgeld war scheinbar ausreichend.

Am Empfang werden wir freundlich begrüßt und wir bekommen zwei Zimmer im 11. Stock. Wir haben ein Zimmer nach Osten und die anderen beiden nach Westen. Die Zimmer haben einen kleinen Balkon mit seitlichem Meerblick und entsprechen absolut unseren Vorstellungen. Es ist bereit 17:00 Uhr. Daher springen wir schnellstens in unsere Swimsuits, nehmen den Lift und rennen ohne zu zögern in den Pazifik. Herrlich, das Wasser ist angenehm warm ohne als Badewanne abgestempelt zu werden. Auf dem Meer tanzen kleine Wellen, die die Surfer nutzen und am Horizont erkennt man auch einige kleine Schiffe. Wenn wir unseren Blick Richtung Land wenden, sehen wir auf unseren Strand mit der „Barefoot Terrace", und dem Restaurant „Duke´s", welches den unteren Bereichs unseres Hotels darstellen. Dazu blauer Himmel, und im Hintergrund satte grüne Berge, an denen sich die Wolken stauen. Paradies. So hatten wir es uns vorgestellt. Sicherlich gibt es neben unserem Hotel noch eine Menge anderer, die sich am Strand gleich einer Perlenschnur aufreihen. Aber unser Hotel ist definitiv das Schönste.

Da wir heute schon lange unterwegs sind, möchten wir im „Duke`s" essen. Wir nehmen auf dem Weg in unser Zimmer einen Buzzer mit und sollen uns in einer Stunde wieder in der Nähe des

Eingangsbereiches aufhalten. Es klappt hervorragend und das Essen ist sehr schmackhaft. Voller Glücksgefühl beschließe ich das Essen mit dem letzten verbliebenen Geburtstagsgeschenk zu beenden. Ein Cocktail im „Duke". Hier soll es die besten Cocktails von Hawaii geben. Die Zubereitung lässt daran bereits zweifeln und der Geschmack bestätigt dies. Schade, doch das Ambiente, hier auf der „Barefoot Terrace" direkt am Strand, entschädigt vollkommen. Wir machen noch einen Spaziergang durch die Hauptstraße von Waikiki. Sie verläuft direkt vor unserem Hotel und beherbergt eine Menge teurer Mode- und Schmuckgeschäfte, Souvenirläden sowie Restaurants. Wir wollen schon nach einer Frühstücksmöglichkeit Ausschau halten. Man hat sich Mühe gegeben den Verkehr auf der Straße durch eine romantische Atmosphäre auszugleichen. Überall an den Wegen, egal ob Haupt-oder Nebenstraße, flackern gasbetriebene Fackeln und sorgen so für ein stimmungsvolles Bild. Es ist sehr voll auf den Straßen und hauptsächlich scheinen es Japaner zu sein, die sich hier aufhalten. Alle Hinweisschilder und auch die Speisekarten sind sowohl in Englisch, als auch auf Japanisch. Wir entdecken einen Starbucks für das morgige Frühstück und beenden zufrieden unseren kleinen Spaziergang.

Mittwoch, der 15.7.2015

Katrins Geburtstag. Wir streichen die bisher koffergelagerte Verpackung des Geschenks glatt, versenken ein paar brennende Schwimmkerzen in der Styroporsuppenschüssel die wir aus dem Pepper Tree mitgenommen haben. Dann klopfen wir an der Tür. „Happy Birthday" singend überraschen wir das Geburtstagskind. Das Frühstück im Starbucks endet unglücklich mit befleckter Hose und Shirt von Thommi. Die Tüte mit dem Ham and Egg Bagel war unter offen. Als sich der Bagel von dannen machte, sorgte sein Reflex dafür, dass sich der Kaffee in der anderen Hand ebenso auf den Textilien breit machte wie das fettige Mahl. Mit gleichgültiger Miene machen die Mädels hinter dem Tresen eine neue Tüte fertig, eine Entschuldigung springt allerdings nicht heraus. Im Anschluss an das Frühstück bringen wir das Geburtstagskind und Bine zum Hotel zurück und machen uns, unter dem Vorwand ein Auto zu mieten, auf den Weg. Wir wollen ein schönes Restaurant für das abendliche Galadinner ausfindig machen und ein Auto für den morgigen Tag reservieren, während die Damen sich schon am Strand aalen können. Ich habe mir ein paar Adressen notiert, aber als ich diese ins Navi eingebe, stelle ich fest, dass sich zwei davon in unserem Hotel befinden. Auch das Grillhaus befindet sich im

Outrigger. So bleibt uns nur der Tiki Grill, den wir nun ansteuern. So lernen wir auch die andere Seite neben dem Hotel kennen. Der Tiki Grill macht eine guten aber nicht überragenden Eindruck. Thommi entscheidet sich dann doch für das Restaurant „Hula Grill" bei uns im Haus. Einen Tisch im Freien an der Waterfront können wir aber leider noch nicht reservieren.

In Badehosen am Strand ankommen, sind Bine und Katrin gerade am umräumen. Es ist sehr warm und sie haben sich für die Anmietung eines Schirms inklusiver zweier Liegen entschlossen. Ein Entschluss der Thommi ein wenig aus der Fassung bringt. 62 $ kostet das Vergnügen am Tag. Das erscheint ihm doch zu hoch und erstmals ist er mit einer Entscheidung nicht ganz einverstanden. Zu spät! Bine hat bereits ihre Kreditkarte gezückt und letztendlich liegen wir alle vier unter dem Schirm. Den Rest des Tages chillen wir. Thommi besorgt ein paar Bier und ich besorge aus dem „Späti" auf der anderen Straßenseite ein paar Sandwiches. Kleine Anekdote zwischendurch. Als wir gemeinsam mit dem Lift nach oben fahren, merkt Katrin, dass die Zimmerkarten in demselben liegen. Wir steigen aus und schicken die beiden sofort wieder nach unten. Da diese Lifte aber nur nach Aufforderung fahren und sie vergessen haben vor dem Wiedereinstieg den

Knopf zu drücken, verbringen sie lockere 10 Minuten in dem auf einen Befehl wartenden Fahrstuhl. Das nennt man im Liftjargon Vereinzelung, ich nenne das Vereinsamung.

Zum Abend heißt es hübsch machen. Bine trägt ein Kleid und sieht zauberhaft aus und ich habe mich für lange Hosen entschieden. Als wir die Beiden abholen muss sich Thommi nochmal umziehen. Mit kurzen Hosen hat er mich erwartet und trägt deshalb selbst welche. Katrin trägt ebenfalls ein Kleid und um den Hals einen hawaiianischen Blumenkranz, den Thommi in der Lobby anfertigen ließ. Das mit dem Tisch hat geklappt und wir genießen ein köstliches Mahl an der Waterfront. Unser schon obligatorischer Abendspaziergang führt uns ein zweites Mal in Richtung des Sheraton Hotels. Selbstverständlich holen wir uns unsere tägliche Portion Nachtisch in der Honolulu Cookie Company. Hier gibt es Bruch von köstlichen handgefertigten Keksen, die von uns jeden Abend in einem der fünf Läden aufs Neue verköstigt werden müssen. Wir suchen einen Strandzugang um den Heimweg mit Blick auf das Wasser antreten zu können. Wir werden fündig und erfreuen uns an der chilligen Atmosphäre am Strand vor unserem Hotel, als wir dieses über den Strand erreichen.

Donnerstag, der 16.7.2015

Frühstück gibt es heute im kleinen Breakfast Stübchen am Hoteleingang, welches wir gestern übersehen haben. Wir haben Tickets für Pearl Harbour und wollen danach eine Inseltour mit dem gestern reservierten Wagen machen. Die freundliche Hostess hat uns gestern erzählt, wenn wir Tickets für 11:00 Uhr haben, müssen wir eine Stunde vorher da sein. Das bedeutet Abholung um 8:00 Uhr vor dem Hotel, da die Autovermietung etwas weiter weg ist. Die Tickets fürs Memorial „Pearl Harbour" habe ich schon vor drei Monaten im Internet gekauft, da alle 30 Minuten immer nur wenige Besucher das Denkmal besichtigen können. Pearl Harbour ist jener geschichtsträchtige Ort, der die Welt verändern sollte. Wir stehen pünktlich vor dem Hotel und warten auf einen Bus, der uns zum Mietwagen bringt. Gegen 8:30 gehe ich zur Hostess, natürlich nur eine Kollegin, und melde meine Ansprüche an. Sie telefoniert freundlicherweise mit der Vermietung und teilt mir lächelnd mit „ist schon unterwegs". Da weitere 20 Minuten vergehen, bis endlich ein Auto vorfährt, ist uns klar: wir wurden vergessen. Eigentlich sollte es in Hotelnähe kein Auto mehr gegeben haben, so wundert es uns, dass wir nur um zwei Ecken fahren und an einer Vermietung halten. Immerhin lässt uns der Chauffeur nicht allein und verhandelt mit dem Chef der Autovermietung, der angeblich kein Auto vorrätig hat, über ein vermietbares Auto. Ein Telefonat später erhalten wir endlich die Zusage ein Auto zu bekommen. Es ist inzwischen 9:15 Uhr und die Zeit wird langsam knapp. Wir verzichten auf jegliches Versicherungspaket und wollen nur weg.

Kurz vor 10:00 Uhr erreichen wir Pearl Harbour und melden uns zur 11:00 Tour an. Wir erwerben Audioguides und verbringen die Wartezeit bis zum Transfer in der ersten Ausstellungshalle. Filme, Bilder und unser Sprecher machen uns das Ausmaß des Angriffs deutlich. Dann geht es endlich mit dem Schiff zum Memorial. Einer Erinnerungsstätte, die quer über die versenkte USS Arizona gebaut wurde. Während man die anderen Boote mitsamt den Leichen geborgen hat, wurde bei diesem Schiff darauf verzichtet. 1102 Leichname sollen sich noch im Bauch des Schiffes in zwölf Metern Tiefe befinden. Der Sprecher erzählt uns die Geschichte ein zweites Mal. Kurze Zeit später tauscht uns das Schiff gegen die nächste Menschenladung aus. Thommi möchte noch einen Pavillon besuchen und der Sprecher erzählt uns ein weiteres Mal die Geschichte des Angriffs auf Pearl Harbour. Es ist inzwischen sehr schwül geworden. Wir beenden schwitzend unseren Besuch und nehmen mit dem Jetta Kurs auf den North Shore von Oahu.

Die Schwüle erbricht sich als Regenguss und die Wolkenbildung verheißt keine Besserung. So entdecken wir die „Dole Plantation" im Nieselregen. Ananas soweit das Auge reicht. Und im Laden dazu die passenden und unpassenden Merchandise Artikel zu stark überhöhten Preisen. Das schlechte Wetter an der North Shore erspart uns Männern den Anblick smarter, langmähniger Surfer mit Waschbrettbauch. Leider aber auch den liebreizenden Anblick einer hawaiianischen Schönheit im knappen Bikini. So haben wir uns unsere Inselrundfahrt nicht vorgestellt. Wir verlassen den North Shore und fahren auf einer weiteren schönen Küstenstraße die Westküste in Richtung Süden herunter. Ab und zu kommt jetzt auch wieder die Sonne durch. Und wenn sie scheint ist es sofort drückend heiß. So schwitzen wir sogar beim Essen. An einem kleinen Sandstrand entzückt uns eine Ansammlung von Foodtrucks. Einer verspricht die besten Fisch Tacos in ganz Hawaii. Wer kann da schon widerstehen. Nach dem spontanen Bremsmanöver stellen wir den Jetta an den Straßenrand. Wir nehmen jeweils einen Taco mit Shrimps und einen mit Bratfisch. Einfach lecker, und so einfach. Warum sind wir selbst noch nicht auf die Idee gekommen.

Der Regenwald zu unserer Rechten verhüllt sich einige Minuten später wieder mit tiefhängenden Wolken. Es ist noch früh am Nachmittag und so ergeben wir uns dem Wetter und fahren quer über die Insel zurück nach Honolulu. Diese grünen Berge müssen bei klarer Sicht ergreifend schön sein. Wir denken nur an Nebel und Jurassic Park. Wir nutzen die Zeit für einen kurzen Besuch einer Mall. Ein letzter Versuch für Thommi noch ein paar Badelatschen von seinem Namensvetter Hilfiger zu bekommen und für Bine einen „diamantbesetzten" Trinkbecher von Starbucks. Trinkbecher Check! Badelatschen Mööb! Bei beiden Artikeln werden wir leider in dieser hässlichen Mall nicht fündig. Da wir schon mal ein Auto zur Verfügung haben, schauen wir noch schnell beim König Kamehameha vorbei. Er brachte Reichtum nach Hawaii durch den Handel mit Sandelholz und erhielt den Inseln die Unabhängigkeit bis 1898. Jetzt steht er in Bronze gegossen in Downtown.

Während wir nun das Auto zurück bringen, schicken wir die Mädels schon mal an den Strand. Luftlinie sind es 100m bis zur Autovermietung und durch eine Lücke in der Bebauung können wir auch diesen Weg nehmen. Somit kommen wir auch in den Genuss eines späten Bades. Wir hätten das auch noch etwas länger ausdehnen können, denn wir stehen geschlagenen 1 ½ Stunden an um in der „Cheesecake Factory" zu Abend zu essen. Doch das Warten hat sich gelohnt. Wir bekommen einen schönen Tisch im Freien und das Essen ist super lecker. Genudelt voll und müde treten wir den Heimweg an.

Freitag, der 17.7.2015

Eindeutig ein Tag zum chillen. Wir ergattern ein paar Liegen am Pool und lassen uns nieder. Einen Strandspaziergang nach links und einen nach rechts. Das ist alles was heute am Strand passiert. Immerhin bestätigt uns der kleine Ausflug, dass wir am besten Strandabschnitt von Waikiki wohnen. Der Besuch des Hilton Hotels am Ende des Strand bestätigt uns auch die Wahl des Hotels. Eigentlich wollten wir ja im Hilton wohnen, aber die haben die Preise in diesem Jahr extrem angehoben. Gut so! Zur Mittagshitze wollen wir nicht übertreiben und verziehen uns in die Straßen von Honolulu.

Ein Käsekuchen in der Cheescake Factory steht noch aus. Dem New York Cheesecake eilt ja sein Ruf voraus und wenn man das Original haben kann. Wir nehmen ein Stück Original und einen Oreo-Cheesecake, Katrin entscheidet sich für Mango und Thommi nimmt den Butterfinger mit Peanutbutter. Die Teilchen sind dermaßen mächtig und fett, dass ich bereits nach der Hälfte der beiden Hälften die Segel streiche. Jeder Bissen mehr würde bei mir zum sofortigen Return führen. Auch Katrin scheitert, aber der Urheber der Idee gibt sich keine Blöße. Das ganze Stück Peanutbutter-Cheesecake wird verdrückt ohne mit der Wimper zu zucken. Von

Übelkeit an die Luft getrieben, nehmen wir ein neues Ziel in Angriff, das Hard Rock Café. Ein Shirt passt noch in Thommi`s Koffer und wir gucken auch, ob wir was für die Kinder zum Anziehen finden. Wir finden für unser Töchterchen ein schickes Shirt in Größe S und verlassen zufrieden den Laden. Auch Katrin und Thommi sind fündig geworden, bezweifeln aber schon auf dem Heimweg die Größenwahl. Danach heißt es aber wieder ab in die Fluten.

Zum Abend spazieren wir heute in die andere Richtung und landen im Tiki Grill, wo auch gleich ein Platz für uns frei ist. Das Lokal befindet sich im ersten Stock und unter der Terrasse flaniert eine Hare Krishna Truppe über die Straße, mit den bekannten Schellen und ihrem Gesang. Die Kuchenorgie hält immer noch vor und so entscheiden wir uns alle für was Kleines. Dafür kehren wir auf dem Heimweg ins Moana Surfrider ein und genehmigen uns einen schönen Cocktail. Zwar geizt man auch hier mit dem Alkohol, aber besser als im Duke`s ist er alle mal. Dazu werden wir im großen Innenhof unter einem Banyan Tree sitzend von einem Musiker unterhalten. Wir vier genießen diese Tage und Abende sehr. Nach den ereignisreichen Tagen und den vielen Eindrücken auf dem Festland ist das genau das Richtige.

Samstag der. 18.7.2015

Ich schaue morgens wie immer aus dem Fenster und sehe dann die Surfer. Sie liegen auf ihren Brettern, meistens eine Gruppe von bis zu 50 Surfern, und warten auf eine Welle. Das ist umso erstaunlicher, da das Wasser morgens immer absolut platt ist. Wahrscheinlich ist das eine Art von social community.

Das Frühstück in der kleinen Ecke am Eingang unseres Hotels ist inzwischen zum Standard geworden. Der Hawaiianische Kaffee schmeckt klasse und die Bagel oder Croissants sind frisch und lecker. Wir haben uns entschlossen auch den Tag heute am Strand unter einem Schirm zu verbringen und trödeln auch nicht lange. Der Tag soll richtig genossen werden. Ein paar Bierchen und einige abgepackte Chicken Sandwiches werden uns über den Tag bringen. Zum Umtausch müssen wir später noch zum Hard Rock Cafe, die Shirts sind für Junioren und drohen unseren Kinder die Luft zu nehmen. Thommi hatte ja so eine Ahnung.

Der letzte Tag im Paradies höre ich uns heute oft sagen, wenn wir im Pazifik dümpeln und auf den Strand oder auf die Wellen an der Sandbank schauen. Man merkt heute das Wochenende. Es sind doch ein paar mehr Leute am Strand, die das schöne Wetter nutzen. Hawaiianer entdecken wir aber hier am Waikiki Beach nicht. Diese habe ich nur an der Westküste entdeckt, mit ihren pechschwarzen Haaren, den dunklen Teint und dem etwas breiten Gesicht. Hier am Strand dominieren dann doch eher europäische oder japanische Abstammungen. Die Musik auf der Terrasse des Duke`s hat begonnen und bedeutet uns das Zeichen zum Aufbruch. Aber nicht ohne einen Blick auf den Sänger zu werfen. Seine glockenhelle Stimme erfüllt die Barefoot Terrace und macht neugierig wer da so toll singt. Auf zwei Stühlen verteilt sitzt eine Kopie von Israel Kamakawiwo`ole, der uns 2010 mit dem Song „over the Rainbow" verzauberte. Wahnsinn, dass aus 250 Kilo Körpermaße so eine klare helle Stimme kommt. Wir wollen heute nicht so spät essen um danach noch die letzten kleinen Mitbringsel einzukaufen. Die leckeren Kekse von der Honolulu Cookie Company zum Beispiel oder ein billiges Souvenirshirt. Wir laben uns nochmals an der Küche des Duke`s und spazieren danach durch die einschlägigen Geschäfte. Zum Abschluss besorge ich im Späti noch ein paar eiskalte Budweiser, mit denen wir auf dem Balkon Abschied von unserem Strandurlaub nehmen. Unten gibt es immer wieder ein paar Leute die auch spät abends in das warme seichte Wasser springen. Die Geräusche, die hier im 11.ten Stock an unser Ohr dringen, ist das leise Stimmengewirr von der Strandbar. Ein sehr angenehmer Singsang zum Abgesang.

Die Bilder auf den nächsten Seiten

Surfbretter am Strandzugang, Waikiki Beach, Food Truck, König Kamehameha

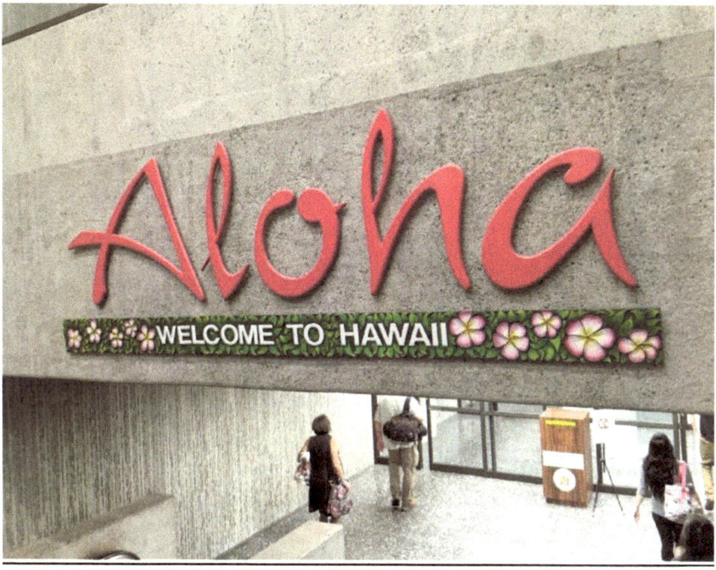
Aloha
WELCOME TO HAWAII

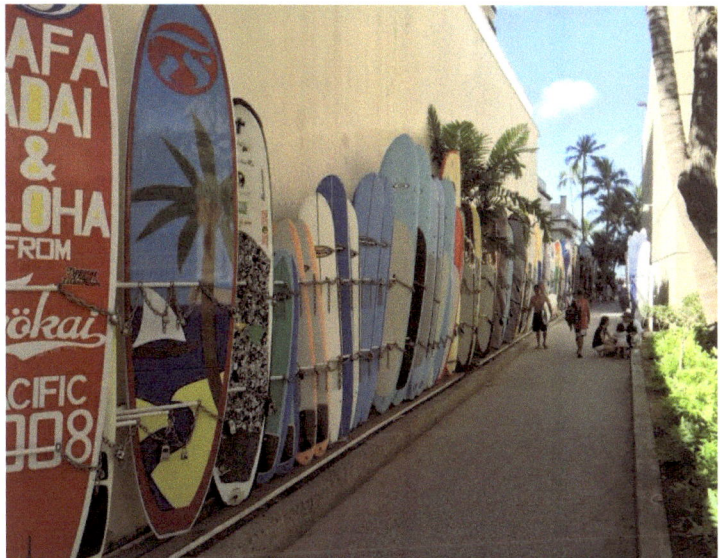

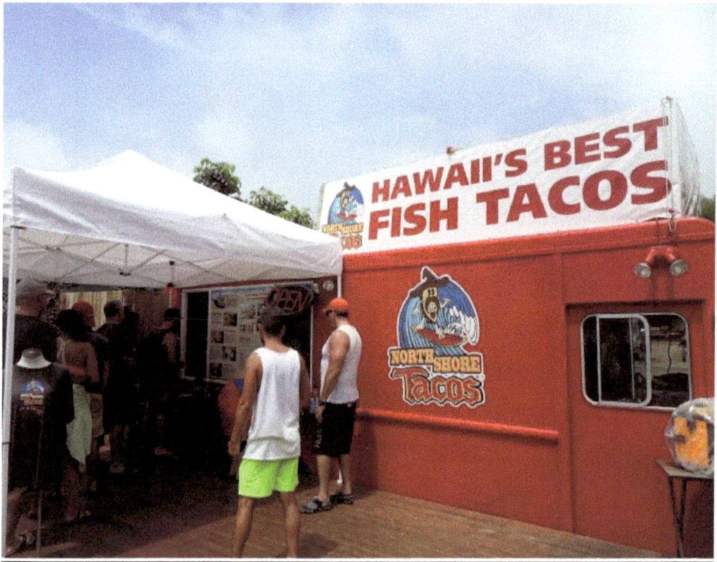
HAWAII'S BEST
FISH TACOS
NORTH SHORE
Tacos

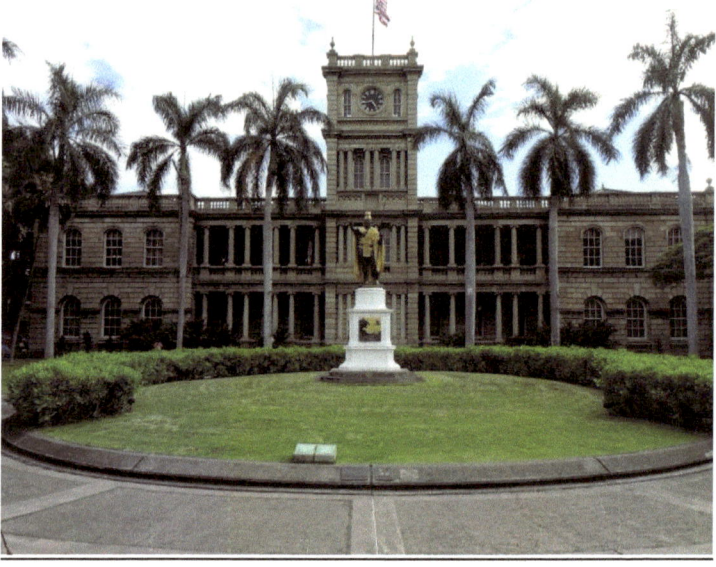

Sonntag, der 19.7.2015

Um 4:15 sind wir vorsichtshalber vor dem Hotel. Falls unser asiatischer Chauffeur verschläft, können wir immer noch umdisponieren. Bine sitzt vor dem Outrigger Beach Resort Schild am Eingang des Hotels und nimmt still Abschied. Katrin und Thommi kommen etwas abgehetzt die Treppe herunter. Sie haben die dritte Zimmerkarte noch gesucht und nicht gefunden. Punkt 4:30 Uhr hält das weiße Taxi und unser Fahrer winkt uns freudig entgegen. Schweigend fahren wir zum Flughafen. Am Eingang das typische United Spielchen. Kofferwiegen. Diesmal sind wir im Plan, auch dank der Taschen, die wir schon über dem Arm haben. Wir finden auch eine nette Dame, die uns die gesamten Tickets bis nach Hause ausstellt. Um die Koffer müssen wir uns auch erst wieder in Berlin kümmern.

Wir suchen uns einen Stand, der uns um diese Uhrzeit etwas zu trinken und ein kleines Frühstück bietet. Aus dem Flugzeug können wir einen letzten Blick auf die kleiner werdende Insel werfen, dann schweben wir für fünf Stunden über den Pazifik. Die von Marina wärmstens empfohlen Kängeruh Geschichten lassen mich oftmals schmunzeln und ich muss das laute Lachen unterdrücken. Eine sehr kurzweiliges Kabarettstückchen, dessen Empfehlung ich hiermit weitergebe.

Da der Mindestaufenthalt in L.A. beim Umstieg mindesten 2 Stunden betragen muss, fliegen wir zurück nicht über München sondern über Frankfurt zurück. Wenn ich die drei Stunden Aufenthalt vorher für übertrieben hielt, wird dies auf diesem chaotischen Flughafen sogar noch knapp. Nach einer schwierigen Orientierung bei der Ankunft, laufen wir eine gute halbe Stunde in Richtung unseres Abflugterminals. Draußen wohlbemerkt und immer mit einem leichten Zweifel an der Richtigkeit der Aktion. Mit Erleichterung sind wir endlich im Tom Bradley Abschnitt. Auf dem Weg zur Sicherheitskontrolle werden wir abgewiesen, da unsere Tickets nicht gültig seien. Man schickt uns zum Lufthansa Schalter am anderen Ende des Gebäudes um neue Tickets ausstellen zu lassen. Wir stellen uns in der Schlange an und erhalten prompt neue Tickets. Witziger weise auch für den schon absolvierten Flug zwischen Honolulu und L.A. Mit den neuen Tickets geht es dann ein zweites Mal in Richtung Sicherheitskontrolle. Diesmal erhalten wir Zutritt und werden einer Warteschlange zugeteilt. Als wir endlich die Ganzkörperkontrollzone erreichen, fehlen die Körbe um unsere losen metallischen Utensilien und die elektronischen

Geräten, zu verstauen. Das reinste Chaos. Tatsächlich liegen nun schon zwei Stunden zwischen unserer Ankunft und dem Passieren der Sicherheitsschleuse.

Der Flug im neuen Jumbo „I 8" zieht sich dann, trotz des vielfältigen Entertainmentprogramms, ein wenig in die Länge. Während wir vier auf dem langen Hinflug nur zwei Sitze nebeneinander hatten, sitzt jetzt am Gang jeweils ein dritter, schlafender Fluggast. Bine kribbeln schon die Beine, weil sie nicht immer über uns drüber steigen will. Ich schlafe auch ein wenig. Ansonsten schaue ich mir ein paar Filme an und mache ein zwei Rundgänge. In Frankfurt erspart man uns lange Laufwege, da wir im gleichen Terminal bleiben. In den ausreichend vorhandenen Läden zu stöbern kommt aber keinem von uns mehr in den Sinn. Trotz der langen Zeit, die wir inzwischen unterwegs sind, haben wir aber immer noch gute Laune.

Montag, der 20.7.2015

Die letzte Etappe von Frankfurt nach Berlin sitzen wir auf einer Pobacke ab, wie es so schön heißt. Mit einem Glas Sekt auf Kosten der Lufthansa prosten wir uns ein letztes Mal zu. Wir bestätigen uns gegenseitig einen hervorragenden, erlebnisreichen und friedvollen Urlaub genossen zu haben. Das wundervolle Erlebnis, und ich weiß das inzwischen zu schätzen, dass alle Koffer ankommen, beschließt unsere Rundreise durch den Westen Amerikas und den abschließenden Badeurlaub im südlichsten Staat der USA. Was bleibt sind die tausend Bilder auf den kleinen Speicherkarten und die vielen Erlebnisse irgendwo im Großhirn.

Ende

Herstellung und Verlag:
BoD- Books on Demand, Norderstedt
ISBN: 978-3-7392-0093-4